Gymnasium Bayern

À plus! 2

Nouvelle édition

Vokabeltaschenbuch

Cornelsen

Vokabel Trainer

Cornelsen

Vokabeltrainer-App

Verfügbar für: iOS, Android und Windows Phone

Symbole und Abkürzungen

~	Die Tilde bezeichnet die Lücke, in die du das neue Wort einsetzen sollst.
~[1]	Die Fußnote nach der Tilde zeigt dir an, dass du auf die Angleichung des Wortes achten musst. Die richtige Lösung findest du in dem grauen Streifen **am Ende jedes *Volets***.
≠	Hier findest du das Gegenteil des Wortes.
→	Hinter diesem Pfeil findest du ein Wort, das zur gleichen Familie gehört und das du schon gelernt hast.
(Flagge)	Hier siehst du ein englisches Wort, das dem französischen Wort ähnlich ist.
LÖSUNG S. 113	Zu dieser Aufgabe findest du ab Seite 113 die Lösung.

► *Civilisation* zeigt dir an, dass du im *Petit dictionnaire de civilisation*, S. 169–172 im Französischbuch, weitere Informationen zu dem Begriff findest.

► *Verbes* zeigt dir an, dass du in der *Conjugaison des Verbes*, S. 175–178 im Französischbuch, die Konjugation des Verbs findest.

Kursiv gedruckte Wörter sind ergänzender Wortschatz (fakultativ).

f.	*féminin* feminin (weiblich)
m.	*masculin* maskulin (männlich)
sg.	*singulier*
Sg.	Singular (Einzahl)
pl.	*pluriel*
Pl.	Plural (Mehrzahl)
imp.	*impératif* (Imperativ)
qc	*quelque chose*
etw.	etwas
qn	*quelqu'un*
jd/jdn/jdm	jemand/jemanden/jemandem
pers.	*personne*
Pers.	Person
adj.	*adjectif* Adjektiv
fam.	*familier* umgangssprachlich
inf.	*infinitif* Infinitiv

Bienvenue! [bjɛ̃vəny] *f.*	Willkommen!	~ chez nous!
Montpellier [mɔ̃pəlje]	*Stadt in Südfrankreich* ▶ *Civilisation, p. 171*	Zoé et Nathan habitent à ~.
le ciel bleu [ləsjɛlblø]	der blaue Himmel	Regarde ce ~.
l'immeuble [limœblə] *m.*	das Gebäude	Est-ce que tu habites dans cet ~?
l'opéra [lɔpeʀa] *m.*	die Oper	Mes parents veulent aller à l'~ ce soir.
le balcon [ləbalkɔ̃] balcony	der Balkon	Nous n'avons pas de ~.
le manège [ləmanɛʒ]	das Karussell	Près de la tour Eiffel, il y a un ~.
l'hôtel [lɔtɛl] *m.*	das Hotel	Pendant les vacances, nous habitons dans un ~.
le parasol [ləpaʀasɔl]	der Sonnenschirm	Est-ce que vous avez un ~?
le restaurant [ləʀɛstɔʀɑ̃]	das Restaurant	Je voudrais manger dans ce ~.
la fontaine [lafɔ̃tɛn]	der Brunnen	Devant l'opéra, il y a une ~.

l'homme / les hommes [lɔm/lezɔm] *m.*	der Mann, *auch:* der Mensch	L'~ à côté de ta mère, c'est qui?
l'accordéon [lakɔʀdeɔ̃] *m.* 🇬🇧 accordion	die Quetschen, das Akkordeon	Mon frère a un ~.
au premier plan [ləpʀəmjeplɑ̃]	im Vordergrund	~, il y a beaucoup d'enfants.
à l'arrière-plan [laʀjɛʀplɑ̃] *m.*	im Hintergrund	~, il y a un manège.
la vieille ville [lavjɛjvil]	die Altstadt	La ~ de Montpellier est sympa.
où [u]	wo *(Relativpronomen)*	J'habite dans une ville ~ il y a beaucoup de parcs.
la rue piétonne [laʀypjetɔn]	die Fußgängerzone	Il y a beaucoup de cafés dans la ~.
la place de la Canourgue [laplasdəlakanuʀg]	*historischer Platz in Montpellier*	Lisa habite près de la ~.
jouer de qc [ʒwedə]	spielen (Instrument)	Je ~[1] de la flûte.
l'instrument [lɛ̃stʀymɑ̃] *m.*	das Instrument	La flûte est un ~.
le piano [ləpjano]	das Klavier	Le soir, je fais une heure de ~.
la chorale [lakɔʀal]	der Chor	Dans une ~, on chante.
la natation [lanatasjɔ̃]	Schwimmen *Sportart*	Lisa est très bonne en ~.

le club de natation [ləklœbdənatasjɔ̃]	der Schwimmverein	Le mercredi, Lisa va au ~.
le club [ləklœb] club	der Verein	Est-ce que tu vas au ~ de foot?
célèbre [selɛbʀ] *m./f. adj.* celebrated	berühmt	Le Vieux-Port de Marseille est ~.
Coralie Balmy [kɔʀalibalmi]	*französische Schwimmerin* ▶ *Civilisation, p. 169*	~ est assez célèbre en France.
il/elle vient [il/ɛlvjɛ̃]	er/sie kommt *3. Pers. Sg. von* venir	Nathan ~ Montpellier.
venir [vəniʀ]	kommen ▶ *Verbes, p. 178*	Tu ~[2] chez moi mercredi?

Attention:

Elle vient chez sa copine.

Il vient de Rome.

Elle vient à 19 heures.

le cahier de vacances [ləkajedəvakɑ̃s]	das Ferienheft *Heft zum Wiederholen von Lernstoff*	Les ~[3], ce sont des devoirs de vacances mais ça reste sympa!

la place de la Comédie [laplasdəlakɔmedi]	*beliebter Platz in Montpellier*	La ~ est immense.
douze ans et demi [duzɑ̃edəmi]	zwölfeinhalb (Jahre)	– Tu as quel âge? – J'ai ~.
Djerba [dʒɛʀba]	*tunesische Insel*	
la Tunisie [latynizi]	Tunesien ▶*Civilisation, p. 172*	Bilal va passer ses vacances dans sa famille en ~.
être né/née (à/le) [ɛtʀne]	geboren sein (in/am)	Lisa est ~[4] le 21 juin.
Antigone [ɑ̃tigɔn]	*Viertel in Montpellier* ▶*Civilisation, p. 169*	Bilal habite dans le quartier ~.
la physique [lafizik] 🇬🇧 physics	die Physik	Notre prof de ~ est génial!
jouer à qc [ʒwea]	etw. spielen *ein Spiel oder Ballsportarten wie Fußball, Handball, Tennis …*	J'adore ~ au foot.

! Attention:

jouer **à** qc = ein Spiel spielen
jouer **de** qc = ein Instrument spielen

le ping-pong [ləpiŋpɔ̃g] ping-pong	Tischtennis *Sportart*	Dans le parc, il y a des tables de ~.
le handball [ləɑ̃dbal] handball	Handball *Sportart*	Bilal est dans un club de ~.
William Accambray [ɥiljamakɑ̃mbʀɛ]	*französischer Handballspieler* ▶ *Civilisation, p. 169*	
au bord de [obɔʀdə]	am Ufer von	Il habite ~ d'un lac.
Hörtext **Rome** [ʀɔm]	Rom *Hauptstadt Italiens*	
le beach-volley [ləbitʃvɔlɛ]	Beach-Volleyball *Sportart*	En été, Bilal et ses copains font du ~ sur la plage.
depuis [dəpɥi]	seit, seitdem	Lisa va au club de natation ~ trois ans, Lara ~ mai.

1 joue **2** viens **3** cahiers de vacances **4** née

Unité 1 | Volet 2

qui [ki]	der, die, das *Relativpronomen, immer Subjekt des Relativsatzes*	Nathan et Bilal sont deux garçons ~ habitent à Montpellier.
attirer qn [atiʀe]	jdn anziehen, anlocken	La journée portes ouvertes du collège ~[1] beaucoup de monde.
moderne [mɔdɛʀn] *m./f. adj.* 🇬🇧 modern	modern	J'aime avoir des choses ~[2] dans ma chambre.
branché/branchée [bʀɑ̃ʃe] *adj. fam.* ≠ nul/nulle	angesagt	Il y a un bar à jus de fruits ~[3] près de chez moi.
les gens [leʒɑ̃] *m. pl.*	die Leute	Je ne comprends pas les ~ qui arrivent en retard au ciné.
sortir [sɔʀtiʀ]	hinausgehen, ausgehen ▶ *Verbes, p. 176*	Pour ~, Montpellier c'est génial!
le festival [ləfɛstival] 🇬🇧 festival	das Festival	Le ~ de danse de Montpellier est célèbre.
que [kə]	den, die, das *Relativpronomen, immer Objekt des Relativsatzes*	Nathan aime bien la musique ~ son frère écoute.

le musée Fabre [ləmyzefabʀ]	*Museum für bildende Kunst in Montpellier*	
proposer qc (à qn) [prɔpoze]	(jdm) etw. vorschlagen, anbieten	La cantine ~[4] des plats pas chers et très bons.
l'exposition [lɛkspozisjɔ̃] *f.* exposition	die Ausstellung	Qu'est-ce qu'il y a comme ~[5] en ce moment?
le planétarium [ləplanetaʀjɔm]	das Planetarium	Le ~ est ouvert de 14 h à 18 h 30.
fantastique [fɑ̃tastik] *m./f. adj.*	fantastisch, großartig	Le planétarium est ~.
l'étoile [letwal] *f.*	der Stern	La nuit, on peut regarder les ~[6].
l'aquarium [lakwaʀjɔm] *m.*	das Aquarium	J'ai un ~ avec trois poissons et une tortue dans ma chambre!
voir [vwaʀ]	sehen ► *Verbes, p. 178*	Je ~[7] quelque chose que tu ne ~[8] pas et c'est noir.
dehors [dəɔʀ]	draußen	Allons jouer ~, il fait beau!
par exemple / p. ex. [paʀɛgzɑ̃pl] for example	zum Beispiel, z. B.	– Qu'est-ce qu'on peut faire à Montpellier? – On peut visiter l'aquarium Mare Nostrum ~.
l'exemple [lɛgzɑ̃pl] *m.*	das Beispiel	C'est un bon ~.

la terrasse [lateʀas] terrace	die Terrasse	Quand il fait beau, les ~[9] des cafés sont ouvertes.
prendre qc [pʀɑ̃dʀkɛlkəʃoz]	etw. zu sich nehmen	Quand on a soif, on va au café pour ~ quelque chose.
quelque chose [kɛlkəʃoz]	etwas	Zoé veut préparer ~ pour l'anniversaire de sa mère.
le shopping [ləʃɔpiŋ]	der Einkaufsbummel	J'adore faire du ~.
idéal/idéale [ideal] *adj.* ≠ nul/nulle	ideal	L'été est ~[10] pour visiter Montpelle.
parfois [paʀfwa] ≠ souvent	manchmal	Zoé et Lisa vont ~ à la piscine ensemble.
le Polygone [ləpoligɔn]	*Einkaufszentrum in Montpellier*	
je pars [ʒəpaʀ]	ich fahre weg, ich gehe los *1. Pers. Sg. von* partir	
partir [paʀtiʀ]	wegfahren, losgehen *wird wie* sortir *konjugiert* ▶ *Verbes, p. 176*	Est-ce que tu ~[11] à Rome pendant les vacances?
Carnon [kaʀnɔ̃]	*Badeort am Mittelmeer bei Montpellier* ▶ *Civilisation, p. 170*	

il/elle se trouve [il/ɛlsətʀuv]	er/sie befindet sich/liegt	Strasbourg ~ en Alsace.
la région [laʀeʒjɔ̃]	die Gegend	L'Alsace est une ~ de France.
la mer Méditérranée [lamɛʀmeditеʀane]	das Mittelmeer	J'adore ~!
les Cévennes [lesevɛn] *f. pl.*	die Cevennen *Mittelgebirge im Süden Frankreichs* ► *Civilisation, p. 170*	
partir en week-end [paʀtiʀɑ̃wikɛnd]	ins Wochenende fahren	Lisa ~[12] chez ses grands-parents.
la Camargue [lakamaʀg]	*Naturschutzgebiet an der Mündung der Rhône* ► *Civilisation, p. 170*	
partir en randonnée [paʀtiʀɑ̃ʀɑ̃dɔne]	wandern gehen	La classe de 5e B ~[13] dans les Pyrénées.
Palavas-les-Flots [palavasleflo]	*Stadt und beliebter Badeort am Mittelmeer südlich von Montpellier* ► *Civilisation, p. 171*	

1 attire **2** modernes **3** branché **4** propose **5** expositions **6** étoiles **7** vois **8** vois **9** terrasses **10** idéal **11** pars **12** part en week-end **13** part en randonnée

La France en direct – vocabulaire facultatif

la météo [lameteo]	der Wetterbericht	Ma mère regarde toujours la ~ à la télé.
rechercher qc [rəʃɛʀʃe]	recherchieren, nach etw. suchen	Nous ~[1] des hôtels en Camargue.
le triangle [lətʀijɑ̃glə]	das Dreieck	Sur le tableau, il y a un ~.
magique [maʒik] *m./f. adj.* magic	magisch	Noémie aime lire des histoires ~[2].
la terre [latɛʀ]	das Land, der Boden	Ton bol va tomber par ~.
goûter qc [gute]	etw. probieren, etw. kosten	Tu veux ~ mon gâteau au chocolat?
le produit [ləpʀɔdɥi]	das Produkt	Nous préférons acheter des ~[3] de notre région.
découvrir qc [dekuvʀiʀ]	etw. entdecken *wird wie* offrir *konjugiert* ▶ *Verbes, p. 176*	
la tradition [latʀadisjɔ̃] tradition	die Tradition	Quelles sont les ~[4] de ta région?

1 recherchons **2** magiques **3** produits **4** traditions

Module 1 – Ma fête préférée, c'est ...

Das Modul kann früher behandelt werden. Ab *Unité 2* wird der Wortschatz als bekannt vorausgesetzt.

on boit [ɔ̃bwa]	wir trinken	Qu'est-ce qu'~ ce soir?
boire [bwaʀ]	trinken	Qu'est-ce que tu veux ~?
le coca [ləkoka]	die Cola	Rémy adore le ~.
l'année [lane] *f.*	das Jahr	Cette ~, je vais visiter le Louvre.
la cloche [laklɔʃ]	die Glocke	Dans notre cathédrale, il y a une grande ~.
la poule [lapul]	das Huhn	Mon grand-père a cinq ~[1].
le Parc de la Tête d'Or [ləpaʀkdəlatɛtdɔʀ]	*Park in Lyon*	Dans le ~, il y a toujours beaucoup de monde.
le Rhône [ləron]	*Fluss in Frankreich*	Semra habite près du ~.
l'Aïd-el-Fitr [laidɛlfitʀə] *m.*	*das muslimische Zuckerfest*	
le couscous [ləkuskus]	*nordafrikanisches Gericht*	
le tajine [lətaʒin]	*nordafrikanisches Gericht*	Pour les fêtes, ma mère aime préparer le ~.

le champagne [ləʃɑ̃paɲə]	der Champagner *französischer Schaumwein*	
le sapin [ləsapɛ̃]	der Tannenbaum	
les «Machines de l'Île» [lemaʃindəlil]	*Museum in Nantes*	Je voudrais visiter les ~ à Nantes.
le Nouvel An Chinois [lənuvɛlɑ̃ʃinwa]	*das Chinesische Neujahrsfest*	La fête préférée de Li, c'est le ~.

1 poules

Module 2 – Le français en classe

Das Modul kann früher behandelt werden. Ab *Unité 2* wird der Wortschatz als bekannt vorausgesetzt.

corriger qc [kɔʀiʒe] 🇬🇧 to correct sth.	etw. korrigieren, berichtigen	Les profs ~[1] les interros.
J'ai oublié quelque chose. [ʒeublijekɛlkəʃoz]	Ich habe etwas vergessen.	Zut! ~.
Je n'ai pas compris. [ʒənɛpakɔ̃pʀi]	Ich habe (es) nicht verstanden.	~ le texte.

J'ai fait un autre exercice. [ʒɛfɛɛ̃notʀɛgzɛʀsis]	Ich habe eine andere Übung gemacht.	– On va corriger les devoirs. – Monsieur, ~.
autre [otʀ] *m./f. adj.*	anderer/andere/anderes *Das Adjektiv* autre *steht immer vor dem Nomen.*	– Je n'aime pas ce film. – Alors on regarde un ~ film.
Qu'est-ce que tu as écrit? [kɛskətyaekʀi]	Was hast du hier geschrieben?	– ~? – Rien. Je n'ai pas compris l'exercice.
J'ai écrit autre chose. [ʒeekʀiotʀʃoz]	Ich habe etwas anderes geschrieben.	– J'ai la bonne réponse! – Moi non, ~.
la fois / ! les fois [lafwa/lefwa]	das Mal	Écoutez le texte deux ~.
mettre le son plus fort [mɛtʀləsɔ̃plyfɔʀ]	den Ton lauter stellen	– Madame, je n'entends pas la musique. – Je vais ~.
la feuille [lafœj]	das Blatt	Est-ce que tu as une ~ pour moi?
le numéro [lənymeʀo]	die Nummer	Tu me donnes ton ~ de téléphone?
C'est à quelle page? [sɛtakɛlpaʒ]	Auf welcher Seite ist/steht das?	
C'est à la page 25. [sɛtalapaʒvɛ̃tsɛ̃k]	Das ist/steht auf Seite 25.	– C'est à quelle page? – ~.
en silence [ɑ̃silɑ̃s]	still	Maintenant, vous allez travailler ~.

Qu'est-ce qu'il faut faire? [keskilfofɛʀ]	Was sollen wir machen?	– ~? – Lire le texte et répondre aux questions.
expliquer qc [ɛksplike]	etw. erklären	La prof ~² l'exercice.
la tâche [lataʃ] ! faux ami: la tâche ≠ die Tasche	die Aufgabe, die Arbeit	Je fais la ~ B, et toi?
différent/différente [difeʀɑ̃/difeʀɑ̃t] *adj.* different	anderer/andere/anderes *hier:* anders	On a des profs très ~³.
Vous avez fini? [vuzavefini]	Seid ihr fertig?	– ~? – Non, pas encore.
la minute [laminyt] minute	die Minute	On commence dans cinq ~⁴.
Je n'ai pas fini! [ʒənɛpafini]	Ich bin noch nicht fertig!	– Bon, on y va? – Non, ~!
C'est à qui? [sɛtaki]	Wer ist dran?	– ~? – Je ne sais pas.
C'est à moi. [sɛtamwa]	Ich bin dran.	– C'est à qui? – ~.
C'est à ... [sɛta]	... ist dran.	– C'est à qui? – ~ Marion.
apprendre qc [apʀɑ̃dʀ]	etw. lernen *wird wie* prendre *konjugiert* ▶ *Verbes, p. 177*	Il ~⁵ l'allemand.

Au collège, on apprend **le** français, **l'**allemand et **l'**anglais.

In der Schule lernen wir Französisch, Deutsch und Englisch.

Attention: Du verwendest vor *français*, und *anglais* den bestimmten Artikel, wenn du von den Schulfächern sprichst.

Mais on dit: *parler français/anglais/allemand*

le vocabulaire [ləvɔkabylɛʀ]	das Vokabular, der Wortschatz	Apprenez le ~ de l'unité 2.
l'unité [lynite] *f.* 🇬🇧 unit	die Lektion	Notez le vocabulaire de l'~ 2 dans vos cahiers.
prochain/prochaine [pʀɔʃɛ̃/pʀɔʃɛn] *adj.*	nächster/nächste/nächstes	Le week-end ~, je vais à Strasbourg.

1 corrigent **2** explique **3** différents **4** minutes **5** apprend

LÖSUNG S. 113

1 Qu'est-ce qui va ensemble? Complète.

jouer venir être né partir faire	à de en	Rome natation ping-pong week-end accordéon randonnée

à

– *jouer au ping-pong*
– ______
– ______
– ______

de

– ______
– ______
– ______
– ______

en

– ______
– ______
– ______
– ______

LÖSUNG S. 113

2 Qu'est-ce que les élèves pensent? Écris les phrases en français.

Bin ich dran? **1**

Ich habe die Übung nicht beendet! **2**

Wir haben das Buch vergessen! **3**

Wir haben etwas anderes geschrieben! **4**

1. ______________________________

2. ______________________________

3. ______________________________

4. ______________________________

Unité 2 | Volet 1

le temps libre [lətɑ̃libʀ]	die Freizeit	Entre l'école et les devoirs, il n'y a plus beaucoup de ~!
libre [libʀ] *m./f. adj.*	frei	Est-ce que tu es ~ demain?
dessiner qc [desine]	etw. zeichnen	Zoé aime aussi ~ des mangas.
hier [jɛʀ] **!** faux ami: hier ≠ hier (ici)	gestern	
terminé [tɛʀmine]	beendet *Partizip Perfekt von* terminer ▶ *Verbes, p. 175*	
terminer qc [tɛʀmine]	etw. beenden	~[1] d'abord tes devoirs, après tu peux sortir.
entre [ɑ̃tʀ]	*hier:* unter	On a dansé chez moi , ~ amis.
le sandwich [ləsɑ̃dwitʃ] 🇬🇧 sandwich	das Sandwich	Les ~[2], c'est pratique et on peut les manger partout.
le pique-nique [ləpiknik] 🇬🇧 picnic	das Picknick	Qui fait quoi pour le ~? manger partout.

fait [fɛ]	gemacht *Partizip Perfekt von* faire ▶ *Verbes, p. 177*	Qu'est-ce que tu as ~ hier?
énerver qn [enɛʀve]	jdn ärgern	Tu m'~[3]!
enfin [ɑ̃fɛ̃]	endlich *auch:* schließlich	~ un moment tranquille!
Allez! [ale]	Los!	~, on y va!
on descend [ɔ̃desɑ̃]	wir gehen hinunter *3. Pers. Sg. von* descendre	
descendre [desɑ̃dʀ]	hinuntergehen *wird wie* attendre *konjugiert* ▶ *Verbes, p. 176*	
raconter qc [ʀakɔ̃te]	etw. erzählen	~[4] vos vacances.
oublier qc [ublije]	etw. vergessen	J'ai ~[5] mon cahier d'exercices à la maison.
entrer [ɑ̃tʀe] 🇬🇧 to enter sth.	hineingehen, etw. betreten	Le prof ~[6] dans la salle.

1 Termine **2** sandwichs **3** énerves **4** Racontez **5** oublié **6** entre

Unité 2 | Volet 2

le journal / [!] les journaux [ləʒuʀnal/leʒuʀno] → le jour	*hier:* das Tagebuch *auch:* die Zeitung	Dans le ~ de Zoé, il y a des dessins et des photos aussi.
d'habitude [dabityd]	normalerweise	~, Bilal va au handball le mercredi.
Minerve [minɛʀv]	*Dorf in der Region Occitanie*	
été [ete]	gewesen *Partizip Perfekt von* être ▶ *Verbes, p. 175*	Jusqu'à maintenant j'ai ~ sympa avec toi, mais là, tu m'énerves.
malade [malad] *m./f. adj.*	krank	Léa ne vient pas, elle est ~.
ranger qc [ʀɑ̃ʒe]	etw. aufräumen	~[1] vos livres, s'il vous plaît.
je dois [ʒədwa]	ich muss *1. Pers. Sg. von* devoir	
devoir [dəvwaʀ] → les devoirs	müssen ▶ *Verbes, p. 177*	Il est tard, je ~[2] rentrer.
tous les samedis [tulesamdi]	jeden Samstag	~, on prépare un gâteau.
le sac [ləsak]	die Tasche	Prends ton ~ de sport!
(ê) **parti** [paʀti]	*hier:* gegangen/gefahren *Partizip Perfekt von* partir ▶ *Verbes, p. 176*	Il est ~ à cinq heures.

(ê) **allé** [ale]	gegangen, gefahren *Partizip Perfekt von* aller ▶ *Verbes, p. 177*	Hier Zoé et Lisa sont ~[3] au cinéma.
rencontrer qn [ʀɑ̃kɔ̃tʀe]	jdm begegnen, jdn treffen, sich mit jdm treffen	Karim a ~[4] sa copine hier.
(ê) **venu** [vəny]	gekommen *Partizip Perfekt von* venir ▶ *Verbes, p. 178*	Lisa n'est pas ~[5] en classe aujourd'hui.
le citron [ləsitʀɔ̃]	die Zitrone	Il y a beaucoup de vitamine C dans les ~[6].
la catastrophe [lakatastʀɔf] catastrophe	die Katastrophe	C'est une ~, tout le monde a faim et Arthur ne trouve pas les sandwichs.
le pic Saint-Loup [ləpiksɛ̃lu]	*Berg in der Region Occitanie* ▶ *Civilisation, p. 171*	
le repas [ləʀəpa]	das Essen, die Mahlzeit	Pendant le ~ du soir, Bilal et sa famille parlent de leur journée.
dormi [dɔʀmi]	geschlafen *Partizip Perfekt von* dormir	
dormir [dɔʀmiʀ]	schlafen *wird wie* sortir *konjugiert* ▶ *Verbes, p. 176*	Le dimanche, je ~[7] jusqu'a dix heures.

longtemps [lɔ̃tɑ̃]	lange *zeitlich*	Il ne vient plus au foot depuis ~.
c'était trop tard [setɛtʀotaʀ]	es war zu spät	~ pour faire une photo, alors j'ai acheté une carte postale.
à propos [apʀɔpo]	übrigens, apropos	– C'est bientôt les vacances! – ~, vous partez loin?
déjà [deʒa]	schon, bereits	Vite, la visite a ~ commencé!
fatigué/fatiguée [fatige] *adj.*	müde	Nathan n'a pas beaucoup dormi, alors il est ~[8] en cours.
la fin [lafɛ̃] → enfin	das Ende	Raconte la ~ du livre, s'il te plaît!

1 Rangez **2** dois **3** allées **4** rencontré **5** venue **6** citrons **7** dors **8** fatigué

Unité 2 | Volet 3

l'aventure [lavɑ̃tyʀ] *f.* 🇬🇧 adventure	das Abenteuer	Les ~[1] de Tintin et Milou sont des bédés célèbres.
incroyable [ɛ̃kʀwajabl] *m./f. adj.*	unglaublich	J'ai passé une semaine ~!

pu [py]	gekonnt *Partizip Perfekt von* pouvoir ► *Verbes, p. 177*	Je n'ai pas ~ acheter un cadeau, mais j'ai fait un gâteau!
Ça m'a plu! [samaply]	Das hat mir gefallen!	Hier, j'ai visité le Louvre. ~!
voulu [vuly]	gewollt *Partizip Perfekt von* vouloir ► *Verbes, p. 178*	Qu'est-ce que tu as ~ dire?
rendez-vous + *Zeit/Ort* [ʀɑ̃devu]	wir treffen uns in/im/am ...	~ dans deux heures, d'accord?
le rendez-vous [ləʀɑ̃devu]	die Verabredung, der Termin	J'ai (un) ~ à cinq heures.
vu [vy]	gesehen *Partizip Perfekt von* voir ► *Verbes, p. 178*	Vous avez déjà ~ une tortue jouer avec un hamster?
le taureau / ! les taureaux [lətɔʀo/letɔʀo]	der Stier	
le champ [ləʃɑ̃]	das Feld	Les ~[2] sont magnifiques en été.
eu [y]	gehabt *Partizip Perfekt von* avoir ► *Verbes, p. 175*	Mathieu a ~ des problèmes en maths, mais maintenant, ça va.
idiot/idiote [idjo/idjɔt] *adj. fam.*	deppert, blöd	La chanson est ~[3].
photographier qn/qc [fɔtɔgʀafje] → la photo	jdn/etw. fotografieren	Zoé aime ~ les animaux.

le toréro [lətɔʀero]	der Torero	Le ~ raconte son aventure avec le grand taureau noir.
tout à coup [tutaku]	plötzlich	~, la prof est entrée.
(ê) **tomber** [tɔ̃be]	fallen, hinfallen	Les biscuits sont ~[4] du paquet et le chien a tout mangé.
(ê) **venir droit sur qn** [vəniʀdʀwasyʀ]	direkt auf jdn zukommen	Le surveillant est ~[5] l'élève.
avoir peur [avwaʀpœʀ]	Angst haben, Angst bekommen	Elle ~[6] la nuit.
la peur [lapœʀ]	die Angst	Zoé dit qu'elle n'a pas eu ~.
C'était l'horreur! [setɛlɔʀœʀ]	Das war der Horror!	L'interro, ~!
juste [ʒyst] 🇬🇧 just	gerade noch	Mehdi a ~ eu le temps de manger avant le film.
à cause de ça [akozdəsa]	deswegen	Nathan est malade. ~, il ne vient pas en cours.
à cause de [akozdə]	wegen	Cédric ne vient pas ~ l'anniversaire de son grand-père.
faire attention [fɛʀatɑ̃sjɔ̃]	aufpassen	Pardon, je n'ai pas ~[7], tu t'appelles Lara ou Laura?

pris [pʀi]	genommen *Partizip Perfekt von* prendre ▶ *Verbes, p. 177*	– Tu as ~ mon CD? – Non, il est là.
mauvais/mauvaise [movɛ/movɛz] *adj.* ≠ bon/bonne	schlecht *hier:* falsch	Zut, on a pris le ~[8] tram!
demander son chemin (à qn) [dəmɑ̃desɔ̃ʃəmɛ̃]	(jdn) nach dem Weg fragen	Pour aller à la gare, ils ~[9] à quelqu'un.
le chemin [ləʃəmɛ̃]	der Weg	J'ai trouvé un ~ idéal.
dû [dy]	gemusst *Partizip Perfekt von* devoir ▶ *Verbes, p. 177*	J'ai ~ ranger ma chambre avant notre départ en vacances.
perdu [pɛʀdy]	verloren *Partizip Perfekt von* perdre	Lucas pense qu'il a ~ son portable sur le chemin du retour.
perdre qc [pɛʀdʀ]	etw. verlieren *wird wie* attendre *konjugiert* ▶ *Verbes, p. 176*	Zoé ~[10] souvent des choses.
répondu [ʀepɔ̃dy]	geantwortet *Partizip Perfekt von* répondre	Elle n'a pas entendu la question, alors elle n'a pas ~.
répondre (à qn/qc) [ʀepɔ̃dʀ] ≠ demander (qc à qn)	jdm antworten, etw. beantworten *wird wie* attendre *konjugiert* ▶ *Verbes, p. 176*	Qui peut ~ à ma question?

rien de spécial [ʀjɛ̃dəspesjal]	nichts Besonderes	– Qu'est-ce que tu as fait ce weekend? – ~.
insister [ɛ̃siste] to insist	auf etw. bestehen *hier:* nachhaken	Bon d'accord, je viens avec vous, mais parce que vous ~[11].
le courriel [ləkuʀjɛl]	die E-Mail	Semra écrit un ~ à son oncle.
il y a [ilja]	vor *zeitlich*	Les correspondants sont arrivés ~ trois jours.
! Attention:	il y a = es gibt il y a = vor *zeitlich*	Sur la table, **il y a** des bananes et des fraises. Les corres sont arrivés **il y a** une semaine.
prendre ses jambes à son cou [pʀɑ̃dʀseʒɑ̃basɔ̃ku]	die Beine in die Hand nehmen	Quand j'ai vu le chien venir droit sur moi, j'ai ~[12].
la jambe [laʒɑ̃b]	der Hax, das Bein	
le cou [ləku]	der Hals	Comment est-ce qu'on écrit «le ~»?

1 aventures **2** champs **3** idiote **4** tombés **5** venu droit sur **6** a peur **7** fait attention **8** mauvais **9** demandent leur chemin **10** perd **11** insistez **12** pris mes jambes à mon cou

La France en direct – vocabulaire facultatif

la réponse [laʀepɔ̃s] response	die Antwort	Tu as demandé à Nadia? Quelle est sa ~?
le pour cent (%) [puʀsɑ̃]	Das Prozent (%)	Dans ma classe, 100 ~ des élèves ont un portable.

Module 3 – Le roi der la galette des rois

Das Modul kann früher behandelt werden. Ab *Unité 3* wird der Wortschatz als bekannt vorausgesetzt.

le roi / la reine [ləʀwa/laʀɛn]	der König / die Königin	
la galette des rois [lagalɛtdeʀwa]	der Dreikönigskuchen *flacher Blätterteigkuchen mit Mandelcremefüllung*	
la fève [lafɛv]	die Bohne, *hier:* kleiner Gegenstand, der im Kuchen versteckt wird	Mon petit frère a trouvé la ~.
la princesse [lapʀɛ̃sɛs] princess	die Prinzessin	Ma sœur met souvent une robe de ~.

Module 4 – Les vêtements et les couleurs

Das Modul kann früher behandelt werden. Ab *Unité 3* wird der Wortschatz als bekannt vorausgesetzt.

les vêtements [levɛtmɑ̃] *m. pl.*	die Kleider, die Kleidung	Bilal adore les ~ noirs.
la couleur [lakulœʀ] 🇬🇧 colour	die Farbe	Quelle ~ est-ce que tu aimes?
nouveau/nouvel/nouvelle [nuvo/nuvɛl/nuvɛl] *adj.* **!** **nouveaux, nouvelles**	neu	Pour la rentrée, Zoé a eu un ~[1] ordinateur. Il y a une ~[2] élève dans la 5e B, elle s'appelle Emma.
les chaussures [leʃosyʀ] *f. pl.*	die Schuhe	J'adore tes nouvelles ~!
l'accessoire [lakseswaʀ] *m.* 🇬🇧 accessory	das Accessoire	
la promo *fam.* **ou: la promotion** [lapʀomo] **ou:** [lapʀɔmɔsjɔ̃]	das Sonderangebot	
les baskets [lebaskɛt] *f. pl.*	die Turnschuhe	Bilal a des ~ de ville et des ~ pour faire du sport.
gris/grise [gʀi/gʀiz] *adj.*	grau	Nous avons deux chats ~.[3]
la casquette [lakaskɛt]	die Kappe	Mon frère a une ~ noire.

jaune [ʒon] *m./f. adj.*	gelb	Le soleil est ~.
les bottes [lebɔt] *f. pl*	die Stiefel	Est-ce que tu as des ~ noires?
marron [maʀɔ̃] *m./f. adj.*	braun	Je vais acheter des bottes ~.
le tee-shirt [lətiʃœʀt]	das T-Shirt	
bleu/bleue [blø] *adj.* blue	blau	J'ai déssiné des bateaux ~[4].
le jean [lədʒin]	die Jeans	Les ~[5], c'est super pratique.
le zoom [ləzum]	der Zoom	Je voudrais des jumelles avec ~.
rouge [ʀuʒ] *m./f. adj.*	rot	J'ai un vélo ~.
la jupe [ʒyp]	der Rock	Tu as vu la ~ noire? Elle est super!
le pantalon [ləpɑ̃talɔ̃]	die Hose	Zoé adore son ~ noir.
orange [ɔʀɑ̃ʒ] *m./f. adj.* orange	orange	J'aime bien ta casquette ~.
les lunettes de soleil [lelynɛtdəsɔlɛj] *f. pl.*	die Sonnenbrille	Zut! J'ai oublié mes ~.

la veste [lavɛst] ! faux ami: la veste ≠ die Weste	die Jacke	Où est-ce que tu as acheté cette ~?
vert/verte [vɛʀ/vɛʀt] *adj.*	grün	Mon lapin adore la salade ~[6].
le pull *fam.* **ou: le pullover** [ləpyl] **ou:** [ləpylɔvɛʀ]	der Pulli, der Pullover	Ce ~ est trop grand pour toi.
le foulard [ləfulaʀ]	das Halstuch, das Kopftuch	Comme accessoire, je prends un ~ bleu.
rose [ʀoz] *m./f. adj.* 🇬🇧 rose	rosa	Avec ce jean noir, tu peux prendre ce tee-shirt ~.
la robe [laʀɔb]	das Kleid	Chloé n'aime pas trop la ~ de Semra.
la ceinture [lasɛ̃tyʀ]	der Gürtel	Comme accessoire, il prend une ~ noire.
violet / ! violette [vjɔlɛ/vjɔlɛt] *adj.* 🇬🇧 violet	lila, violett	J'adore ta jupe ~[7].
la chemise [laʃəmiz]	das Hemd	Enzo achète une ~ rouge.

blanc / ! blanche [blɑ̃/blɑ̃ʃ] *adj.*	weiß	Tu achètes la ceinture ~[8]?

! Attention:
marron und *orange* sind unveränderlich.
Les pulls marron.
Les baskets orange.

blanc/blanche · *marron* · jaune · rose · noir/noire · *orange* · vert/verte · bleu/bleue · rouge · gris/grise

le bonnet [ləbɔnɛ]	Die Mütze	J'ai cherché mon ~ depuis une semaine.
le chapeau / ! les chapeaux [ləʃapo/leʃapo]	der Hut	
l'avis [lavi] *m.*	die Meinung	Quel est ton ~?
en un clic [ɑ̃nɛ̃klik]	auf einen Klick	J'ai trouvé un beau pull ~.
le clic [ləklik]	der Mausklick	Sur Internet, j'ai trouvé un nouveau pantalon en un ~.
le look [ləluk]	der Look, das Outfit	J'aime bien ce ~!
porter qc [pɔʀte]	etw. tragen	Paul aime ~[9] des chemises.
la mini-jupe [laminiʒyp]	der Minirock	Je déteste les ~[10]!

1 nouvel **2** nouvelle **3** gris **4** bleus **5** jeans **6** verte **7** violette **8** blanche **9** porter **10** mini-jupes

LÖSUNG S. 114

1 Complète le texte par les participes français. Pense à l'accord.

angefangen   erzählt   gefunden   (nach Hause) gefahren   gekommen   gekonnt   gelacht
losgefahren   gemacht   gesehen   vergessen

Qu'est-ce que Zoé a __________ samedi? La journée a bien ______________. Ses amis sont d'abord __________ chez elle, puis ils sont __________ à la plage. Zoé a __________ ses clés sur la table, mais ça, elle l'a __________ plus tard. Bilal a ______________ beaucoup de blagues, mais les amis n'ont plus beaucoup ______________ quand Zoé n'a pas ______________ les sandwichs dans son sac! Ensuite, il n'a plus fait beau. À cause de ça, les amis n'ont pas ________ manger le gâteau, alors ils sont ______________ à la maison. Et là, surprise ...

LÖSUNG S. 114

2 Note les mots de vocabulaire, appris dans l'Unité 2, au bon endroit.

taureau   repas   fatigué   dessiner   fin   tombé   peur   terminer   ranger   champ   chemin
photographier   voiture   venu droit sur qn   catastrophe   malade

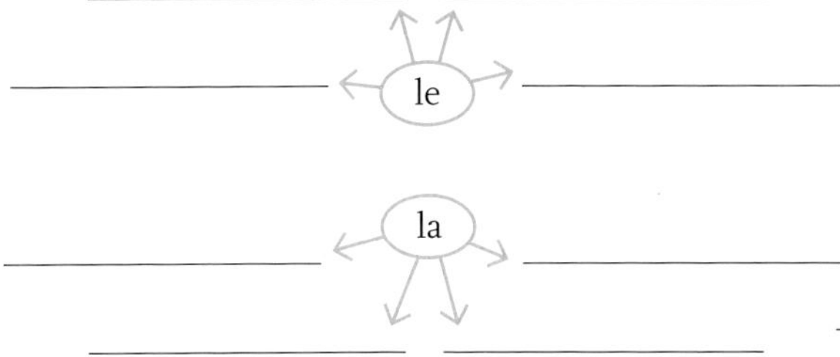

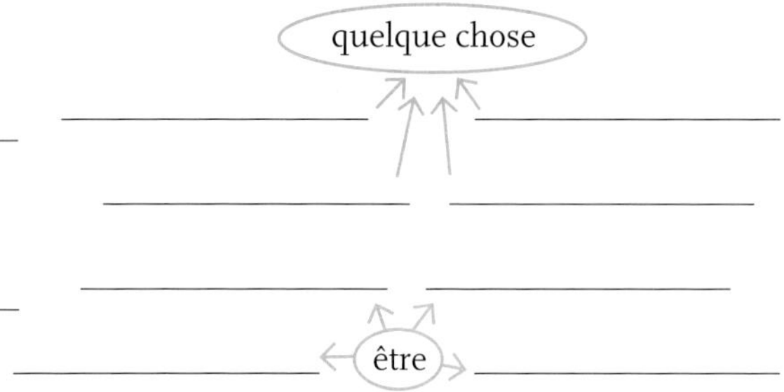

LÖSUNG S. 114

3 Écris ces expressions de l'Unité 2 en français et complète la grille.

1. lange ____________________
2. vor *(temps / 3 mots)* ____________________
3. endlich ____________________
4. plötzlich *(3 mots)* ____________________
5. spät ____________________
6. gerade noch ____________________

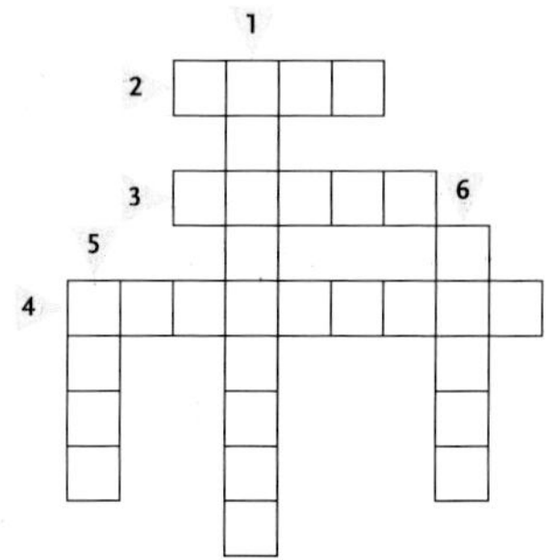

Unité 3 | Volet 1

le monde [ləmɔ̃d]	die Welt	Il est célèbre partout dans le ~.
le test [lətɛst] 🇬🇧 test	der Test	Demain, la classe de 5ᵉ B a un ~ de maths.
calme [kalm] *m./f. adj.* 🇬🇧 calm	ruhig	La nuit, les rues sont très ~[1].
le bus [ləbys] 🇬🇧 bus	der Bus	D'habitude, je vais à l'école à vélo, mais aujourd'hui, j'ai pris le ~.
le magazine [ləmagazin] 🇬🇧 magazine	das Magazin, die Zeitschrift	Zoé aime les ~[2] sur la nature et les animaux.
le texto [tɛksto]	die SMS	Les ~[3], c'est pratique.

! Attention: Mais:

noir schwarz *als Adjektiv*	un vélo noir	**le** noir *die Farbe* Schwarz	Je n'aime pas **le** noir.
rouge rot *als Adjektiv*	une voiture rouge	**le** rouge *die Farbe* Rot	**Le** rouge est ma couleur préférée.
bleu blau *als Adjektiv*	un stylo bleu	**le** bleu *die Farbe* Blau	**Le** bleu de la mer est incroyable.

l'idole [lidɔl] *f.* idol	das Idol	Beaucoup de jeunes ont une ~, et toi?
l'acteur / l'actrice [laktœʀ/laktʀis] *m./f.* actor	der/die Schauspieler/in	Comment s'appelle ton ~[4] préférée?
le sportif / la sportive [ləspɔʀtif/laspɔʀtiv]	der/die Sportler/in	Bilal et son frère, ce sont des ~[5].
savoir qc [savwaʀ] → je ne sais pas	etw. wissen ▶ *Verbes, p. 177*	Enzo ~[6] beaucoup de choses.
savoir + inf. [savwaʀ]	etw. können ▶ *Verbes, p. 177*	Je ~[7] jouer du piano.

! Attention:

savoir faire qc = etw. können, weil man es gelernt hat.	Je sais jouer de la guitare.
pouvoir faire qc = etw. machen können, weil es möglich ist.	Je peux jouer sur ta guitare?

la crêpe [lakʀɛp]	der Crêpe, der Eierpfannkuchen	Tu veux une ~?
télécharger qc [teleʃaʀʒe]	etw. herunterladen	Je n'aime pas ~ des films, je préfère les emprunter.
le titre [lətitʀ]	der Titel, *hier:* der Musiktitel	Le CD de ZAZ a onze ~[8].

l'électro [lelɛktʀɔ] *f.*	die Elektromusik	On ne peut pas toujours bien danser sur l'~.
le hip-hop **!** [ləipɔp]	der Hip-Hop	Zoé n'est pas fan de ~.

Attention:
l'heure, **l'h**istoire-géo, **l'h**iver

Bei einigen Wörtern, die mit *h* beginnen, wird der bestimmte Artikel nicht verkürzt.

Mais:

le **h**amster

le **h**ip-hop

le **h**obby

l'objet [lɔbʒɛ] *m.* 🇬🇧 object	das Objekt, der Gegenstand	Chez mes grands-parents, il y a des ~[9] partout!
le porte-bonheur [ləpɔʀtbɔnœʀ]	der Glücksbringer	Mon ~, c'est une petite pierre bleue.
le casque [ləkask]	der Kopfhörer *auch:* der Helm	Zoé aime écouter sa musique avec un ~.
le résultat [ləʀezylta] 🇬🇧 result	das Ergebnis	Bilal a de très bons ~[10] en physique.
plus [plys]	mehr	Le garçon là-bas a treize ans ou peut-être ~.

plutôt [plyto]	eher, lieber	– Tu préfères ~ nager dans un lac ou dans la mer? – ~ dans un lac.
bouger [buʒe]	sich bewegen *wird wie* manger *konjugiert* ▶ *Verbes, p. 175*	– Je n'aime pas trop ~. – Moi si. J'adore le sport.
le stress [ləstʀɛs]	der Stress	Trop de travail, trop de ~, c'est l'horreur en ce moment!

1 calmes **2** magazines **3** textos **4** actrice **5** sportifs **6** sait **7** sais **8** titres **9** objets **10** résultats

Unité 3 | Volet 2

l'enquête [lɑ̃kɛt] *f.*	die Umfrage, die Untersuchung	Les élèves de la 5e B font une ~.
le style [ləstil] style	der Stil	Quel ~ de musique est-ce que tu écoutes?
sportif/sportive [spɔʀtif/spɔʀtiv] *adj.*	sportlich	Ma mère est plutôt ~[1].
mettre qc [mɛtʀ]	*hier:* etw. tragen, anziehen *auch:* setzen, stellen, legen ▶ *Verbes, p. 177*	Qu'est-ce que tu vas ~ pour aller à la fête de Lisa?

la marque [lamaʀk]	die Marke	Est-ce que tu as des vêtements de ~ dans ton armoire?
important/importante [ɛ̃pɔʀtɑ̃/ɛ̃pɔʀtɑ̃t] *adj.* important	wichtig	Pour beaucoup de parents, les notes à l'école sont très ~[2].
Soprano [sɔpʀano]	*französischer Rapper* ▶ *Civilisation, p. 169*	
la sonnerie [lasɔnʀi]	die Klingel, *hier:* der Klingelton	La ~ du portable de Nathan est un titre de son groupe préféré.
être accro à qc [ɛtʀakʀoa]	nach etw. süchtig sein	Isabelle est ~[3] chocolat.
le R&B [ləaʀɛnbi]	der R&B *Rhythm & Blues*	Je ne suis pas trop fan de ~.
Tal [tal]	*französische Sängerin* ▶ *Civilisation, p. 169*	
beau/bel [bo/bɛl] *m.* / **belle** [bɛl] *f.* **beaux** [bo] *m. pl.* / **belles** [bɛl] *f. pl. adj.*	schön	Montpellier est une ~[4] ville. La guitare est un ~[5] instrument.
la voix / ! **les voix** [lavwa/levwa] voice	die Stimme	Cette chanteuse a une ~ incroyable.

aussi ... que [osi...kə]	so ... wie	Mehdi est ~ sportif ~[6] son frère.
Ça me plaît. [saməplɛ]	Das gefällt mir.	– Comment tu trouves l'ambiance ici? – ~.
la mode [lamɔd]	die Mode	Elle aime acheter des magazines de ~.
dépenser qc [depɑ̃se]	etw. ausgeben	Tu ~[7] combien pour ton portable?
cent-cinquante [sɑ̃sɛ̃kɑ̃t]	hundertfünfzig	Ces baskets coûtent ~ euros!
deux-cents [døsɑ̃]	zweihundert	J'ai ~ photos de Justin Bieber.

Die Zahlen über 100 findest du auf S. 174.

les affaires [lezafɛʀ] *f. pl.*	die Sachen	Vous avez vos ~ de sport? Oui? Alors, on y va!
moins ... que [mwɛ̃...kə]	weniger ... als	Le film est ~ intéressant ~[8] le livre.
plus ... que [plys...kə]	mehr ... als	Le livre est ~ intéressant ~[9] le film.
l'album [lalbɔm] *m.*	das Album, das Fotoalbum	Zoé a assez de photos pour faire un bel ~.
Nolwenn Leroy [nɔlwɛnləʀwa]	*französische Sängerin* ▶ *Civilisation, p. 169*	

Barrio Populo [baʀjopɔpylo]	*französische Rockgruppe*	
le rythme [ləʀitm] 🇬🇧 rhythm	der Rhythmus	Le ~, c'est important dans la danse et la musique.
la batterie [labatʀi] ! faux ami: la batterie ≠ die Batterie (la pile)	das Schlagzeug	Il joue de la ~.

1 sportive **2** importantes **3** accro au **4** belle **5** bel **6** aussi sportif que **7** dépenses **8** moins intéressant que **9** plus intéressant que

Unité 3 | Volet 3

il faut + inf. [ilfo]	wir müssen, man muss	~ mettre des affaires pratiques quand on fait du sport.
il ne faut pas + inf. [ilnəfopa]	wir dürfen/sollten nicht, man darf/sollte nicht	~ dormir en classe.
exagérer [ɛgzaʒeʀe]	übertreiben, *wird wie* préférer *konjugiert* ▶ *Verbes, p. 175*	Vous êtes encore en retard? Vous ~[1]!

avoir raison [avwaʀɛzɔ̃]	recht haben	Il a des bonnes idées et en plus il ~ souvent ~[2].
la raison [laʀɛzɔ̃]	der Grund	Mon frère crie souvent sans ~.
confisquer qc [kɔ̃fiske] to confiscate sth.	jdm etw. wegnehmen	Le prof a ~[3] le casque de Jules.
trouver que [tʀuvekə]	finden, dass	Bilal ~[4] le groupe Barrio Populo a des rythmes incroyables.
rappeler qn [ʀapəle] → appeler qn	jdn zurückrufen *wird wie* appeler *konjugiert* ▶ *Verbes, p. 175*	Je dois partir mais je te ~[5] quand je rentre, d'accord?
le téléphone [lətelefɔn] telephone	das Telefon	Ma sœur passe des heures au ~.
À table! [atabl]	Essen!, Zu Tisch!	Le dîner est prêt, ~!
la note [lanɔt]	die Note	Tu as eu quelle ~ à ton test?
catastrophique [katastʀɔfik] *m./f. adj.*	katastrophal	Ses résultats sont ~[6].
dernier/dernière [dɛʀnje/dɛʀnjɛʀ] *adj.*	letzter/letzte/letztes	La semaine ~[7], il a fait très froid.

vrai/vraie [vʀɛ] *adj.*	richtig, wahr	– Morgane, tu exagères. – Non, ce n'est pas ~[8]!
passer son temps à + inf. [pasesɔ̃tɑ̃a]	die ganze Zeit etw. tun *wörtlich:* seine Zeit damit verbringen, etw. zu tun	Zoé ~[9] dessiner des bédés.

Simon **passe** ses vacances à la montagne. (= verbringen)

On **passe** chez toi à 10 heures. (= vorbeikommen)

Il **passe** son temps à lire. (= die ganze Zeit etwas tun)

Jean, tu me **passes** l'eau, s'il te plaît? (= jdm etw. reichen)

envoyer qc (à qn) [ɑ̃vwaje]	(jdm) etw. schicken ▶ *Verbes, p. 175*	Tu as déjà ~[10] la carte à Marie?
être privé/privée de qc [ɛtʀəpʀivedə]	-verbot haben	Elle est ~[11] télé pendant un mois.

la discussion [la diskysjɔ̃] discussion	die Diskussion	Les élèves préparent la ~.
reparler de qc à qn [ʀəpaʀledə] → parler de qc à qn	noch einmal mit jdm über etw. sprechen	Hugo ~[12] de l'interro à son prof.
penser que [pɑ̃sekə]	denken, dass	Nathan ~[13] il faut parler au prof.
le meilleur / la meilleure *adj.* [ləmɛjœʀ/lamɛjœʀ]	der/die/das beste *Superlativ zu* bon/bonne	C'est le ~[14] festival de musique de la région.

Steigerung des Adjektivs *bon/bonne*

Adjektiv:	**bon/bonne** = gut	Le dessert est **bon.**
Komparativ:	**meilleur/meilleure**	Sophie est **meilleure** en maths que Maxime.
Superlativ:	**le meilleur / la meilleure**	C'est **le meilleur** exemple.

la solution [lasɔlysjɔ̃] solution	die Lösung	Est-ce que tu as trouvé une ~ à ton problème?
essayer (qc) [eseje]	(etw.) versuchen, (an)probieren *wird wie* envoyer *konjugiert,* ▶ *Verbes, p. 175*	– Je ne comprends pas l'exercice, tu peux m'aider s'il te plaît? – Oui, je vais ~.
à mon avis [amɔ̃navi]	meiner Meinung nach	~, Montpellier est une ville idéale pour apprendre le français.

marcher [maʀʃe]	laufen, *hier*: funktionieren	Dans le parc, il faut ~.
grave [gʀav] *m./f. adj.*	ernst, schlimm	– Ma mère est malade. – C'est ~?
terrible [teʀibl] *m./f. adj.* 🇬🇧 terrible	furchtbar	La semaine prochaine, on a deux interros! C'est ~!
baisser les bras [beselebʀa]	aufgeben *wörtlich*: die Arme senken	– J'ai un problème. – Il ne faut pas ~!
le bras [ləbʀa]	der Arm	
l'argument [laʀgymɑ̃] *m.*	das Argument	Trouvez des ~[15] pour et contre le portable.
récupérer qc [ʀekypeʀe]	etw. zurückbekommen	Après le cours, Jules a ~[16] son casque.
Bonne chance! [bɔnʃɑ̃s]	Viel Glück!	
la chance [laʃɑ̃s] 🇬🇧 chance	das Glück, die Chance	
peut-être [pøtɛtʀ]	vielleicht	– Tu vas au cinéma demain? – ~. Tu viens avec moi?
limiter qc [limite] 🇬🇧 to limit sth.	etw. beschränken, begrenzen	~[17] le temps que tu passes devant la télé.

l'appel [lapɛl] *m.* → appeler qn	der Anruf	J'attends un ~.
Essaie! [esɛ]	Versuche es! *Imperativ* *2. Pers. Sg. von* essayer	Tu peux monter sur cette tour. ~!

1 exagérez **2** a souvent raison **3** confisqué **4** trouve que **5** rappelle **6** catastrophiques **7** dernière **8** vrai **9** passe son temps à **10** envoyé **11** privée de **12** reparle **13** pense qu' **14** meilleur **15** arguments **16** récupéré **17** Limite

La France en direct – vocabulaire facultatif

la star [lastaʀ]	der Star	Quelle ~ est-ce que tu adores?
faire rire qn [fɛʀəʀiʀ]	jdn zum Lachen bringen	
le talent [lətalɑ̃]	das Talent	Mélanie Laurent a beaucoup de ~!
seul/seule [sœl] *adj.*	allein	Lisa n'aime pas être ~[1].
le succès [ləsyksɛ] 🇬🇧 success	der Erfolg	Ce film a beaucoup de ~.

l'artiste [lartist] *m./f.* 🇬🇧 artist	der Künstler / die Künstlerin	Soprano est un ~ qui est sympa.
le/la musicien/musicienne [ləmyzisjɛ̃/lamyzisjɛn]	der Musiker / die Musikerin	David Garrett est un ~ célèbre.
le/la compositeur/compositrice [ləkɔ̃pozitœr/lakɔ̃pozitris]	der Komponist / die Komponistin	Mozart est mon ~[2] préféré.
les études [lezetyd] *f. pl.*	das Studium	Est-ce que tu veux faire des ~?
l'université [lyniversite] *f.* 🇬🇧 university	die Universität	Ben fait ses études à l'~ de Munich.
enregistrer qc [ɑ̃rəʒistre]	etw. aufnehmen, aufzeichnen	Antoine chante et ~[3] ses chansons sur son portable.
plusieurs [plyzjœr] *adj. pl.*	mehrere	Semra a ~ hobbys.
le rôle principal [lərolprɛ̃sipal]	die Hauptrolle	Qui joue le ~?
le réalisateur / la réalisatrice [lərealizatœr/larealizatris]	der Regisseur / die Regisseurin	
le court-métrage [ləkurmetraʒ]	der Kurzfilm	Elle est la réalisatrice d'un ~.

hongrois/hongroise [ɔ̃gʀwa/ɔ̃gʀwaz] *adj.*	ungarisch	Il joue dans une équipe ~[4].
le joueur / la joueuse [ləʒwœʀ/laʒwøz]	der Spieler / die Spielerin	C'est un très bon ~[5].
la technique [latɛknik] 🇬🇧 technique	die Technik	Ce joueur est très bon en ~.
la force [lafɔʀs]	die Kraft	Comment est-ce qu'on écrit «~»?
mesurer (1,94 m) [məzyʀe] 🇬🇧 to measure	(1,94 m) groß sein	Mon frère ~[6] 1,20 m.

1 seule **2** compositeur **3** enregistre **4** hongroise **5** joueur **6** mesure

Module 5 – La vie en chiffres

Das Modul kann früher behandelt werden. Ab *Unité 4* wird der Wortschatz als bekannt vorausgesetzt.

le chiffre [ləʃifʀ]	die Zahl	
en moyenne [ɑ̃mwajɛn]	im Durchschnitt	~, les élèves vont dix ans à l'école.

la moyenne [lamwajɛn]	der Durchschnitt	Quelle est la ~?
par jour [paʀʒuʀ]	pro Tag	Il faut manger cinq fruits ~.
c'est-à-dire [sɛtadiʀ]	das heißt, das bedeutet	Le 17 mars, ~ mardi, nous n'avons pas cours.

Die Zahlen bis 2 000 000 findest du auf S. 174.

Les années | Die Jahreszahlen

Die Jahreszahlen unter 2000 kannst du auf zweifache Weise ausdrücken:

1999 dix-neuf-cent-quatre-vingt-dix-neuf oder
mille-neuf-cent-quatre-vingt-dix-neuf

Um eine Jahreszahl als Datum anzugeben, benutzt man die Präposition *en*:

Mon frère est né ***en*** *2018.*

environ [ɑ̃viʀɔ̃] *adv.*	ungefähr	Je vais à la cantine à 13 heures ~.
la douche [laduʃ]	der Dusche	Ce matin, j'ai pris une ~.
compter [kɔ̃te] 🇬🇧 to count	zählen	Mon petit frère sais ~[1] jusqu'à dix.

le collégien / la collégienne [ləkoleʒjɛ̃/lakoleʒjɛn] → le collège	der Schüler / die Schülerin der Sekundarstufe 1	
le chat (en ligne) [lətʃat]	der Online-Chat	
le réseau social / **! les réseaux sociaux** [ləʀezosɔsjal/lerezosɔsjo]	das soziale Netzwerk	Facebook et Instagram sont des ~[2].
être en forme [ɑ̃fɔʀm]	fit sein	Samira ~[3] ce matin!
discuter (de qc) [diskyte] 🇬🇧 to discuss sth.	diskutieren	Hier, nous avons ~[4] des réseaux sociaux à l'école
l'histoire [listwaʀ] *f.* 🇬🇧 history	die Geschichte	Cette ~ est intéressante!
le secret [ləsəkʀɛ]	das Geheimnis	Julie et moi avons un ~.
garder qc [gaʀde]	*hier:* behalten	Je ~[5] ce livre, il est magnifique.
l'amitié [lamitje] → l'ami / l'amie	die Freundschaft	Qu'est-ce que tu penses de l'~ entre filles et garçons?
la corvée [lakɔʀve]	die lästige Pflicht	Ranger sa chambre est une ~.

le sac à dos [ləsakado]	der Rucksack	Ce ~ est très petit.
faire la poussière [fɛʀlapusjɛʀ]	Staub wischen	Chaque samedi, je ~[6] dans ma chambre.
la poussière [lapusjɛʀ]	der Staub	Il y a beaucoup de ~ sous ton lit.
passer l'aspirateur [paselaspiʀatœʀ]	Staub saugen	
l'aspirateur [laspiʀatœʀ] *m.*	der Staubsauger	
faire son lit [fɛʀsɔ̃li]	sein Bett machen	Attends, je ~[7].
recommencer [ʀəkɔmɑ̃se] 🇬🇧 to recommence	wiederanfagen, noch einmal von vorn anfangen	Pourquoi est-ce que tu ~[8] cet exercice?
Je voudrais qu'on me fiche la paix! [ʒəvudʀɛkɔ̃məfiʃlapɛ] *fam.*	Ich möchte, dass man mich in Ruhe lässt!	Je suis fatigué. ~!

1 compter **2** réseaux sociaux **3** est en forme **4** discuté **5** garde **6** fais la poussière **7** fais mon lit **8** recommences

LÖSUNG S. 114

1 Qu'est-ce qu'ils portent aujourd'hui? Note.

A ______________________________

B ______________________________

C ______________________________

D ______________________________

LÖSUNG S. 115

2 Retrouve les sept mots et complète les phrases.

1. Nathan a un style plutôt ________________. p t s o i r f
2. Félix a des résultats ________________ à l'école. a r t o s i c h e q a p u t s
3. Pour Zoé, les marques ne sont pas ________________. m i p a t o t r e n s

4. Bilal trouve que le ________________ style de musique, c'est le rock. — l i m u l e r e
5. Quelle ________________ est-ce que tu proposes? — n o l s u t o i
6. Pour son anniversaire, Zoé a eu une ________________ bleue. — b o r e
7. Zut, la photo n'est pas bonne, on a ________________. — g u é b o

LÖSUNG S. 115

3 a Écris ces mots en français. Note les noms avec l'article indéfini *un/une*.

1. a pair of jeans	________	5. a pullover	________	9. an object	________
2. a test	________	6. to exaggerate	________	10. a bus	________
3. a magazine	________	7. an actress	________	11. a voice	________
4. blue	________	8. a rhythm	________	12. to limit	________

b Quels mots de a sont identiques en anglais et en français? ________________________________

le voyage [ləvwajaʒ]	die Reise	Lucie fait un ~ à Paris.
l'auberge de jeunesse [lobɛʀʒdəʒœnɛs] *f.*	die Jugendherberge	L'~, c'est pratique et pas chère.
le tournoi [ləturnwa]	das Turnier	Il y a un ~ de ping-pong dans notre école.
avoir lieu [avwaʀljø]	stattfinden	Quand est-ce que la visite du musée ~[1]?
le lieu / ! les lieux [ləljø/leljø]	der Ort	J'adore ce ~.
Rennes [ʀɛn]	Rennes *Stadt in der Bretagne* ▶ *Civilisation, p. 172*	
la Bretagne [labʀətaɲ]	die Bretagne ▶ *Civilisation, p. 170*	
l'équipe [lekip] *f.*	die Mannschaft, das Team	L'~ de foot arrive au stade.
le train [lətʀɛ̃] 🇬🇧 train	der Zug	On a pris le ~ pour aller à Paris.
la Belgique [labɛlʒik]	Belgien	En ~, on parle aussi français.

La France [lafʀɑ̃s]	Frankreich	Naémie habite en ~.
participer à qc [paʀtisipea] 🇬🇧 participate	an etw. teilnehmen	Elle ~[2] un concours de dessin.
le match [ləmatʃ] 🇬🇧 match	das Spiel	Bilal et Nathan regardent un ~ de handball à la télé.
l'entraîneur / l'entraîneuse [lɑ̃tʀɛnœʀ/lɑ̃tʀɛnøz] *m./f.*	der/die Trainer/in	L'~[3] arrive le premier dans le stade, avant le match.
la place du Parlement de Bretagne [laplasdypaʀləmɑ̃dəbʀətaɲ]	*Platz im Zentrum von Rennes*	La ~ est immense.
penser à qn/qc [pɑ̃sea]	an etw./jdn denken	Je ~ souvent ~[4] Camille.
le carrefour [ləkaʀfuʀ]	die Kreuzung	C'est un grand ~.
tourner [tuʀne] 🇬🇧 to turn	abbiegen	La voiture a ~[5] et devant eux, ils ont vu la mer.

tourner à gauche
nach links abbiegen

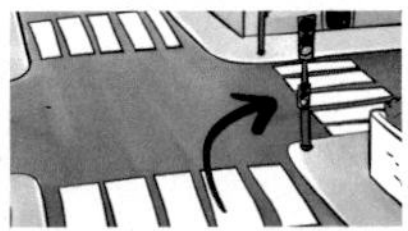

tourner à droite
nach rechts abbiegen

tout droit [tudʀwa]	geradeaus	Continue ~ et tu arrives à la boulangerie.

❗ Attention:

à droite [adʀwat] = Schreibung mit *-e*, Aussprache mit [t] am Ende
tout droit [tudʀwa] = Schreibung mit *-e*, Aussprache ohne [t] am Ende

le plan [ləplɑ̃]	der Stadtplan, die Karte	J'ai trouvé la rue sur le ~.
l'idiot / l'idiote [lidjo/lidjɔt] *m./f.* 🇬🇧 idiot	der Depp, der/die Idiot/in	J'ai oublié mon sac. Quel ~ je suis!
laisser qc [lese]	etw. liegen lassen	Nathan a ~[6] ses affaires de sport au gymnase.
le GPS [ləʒepeɛs] 🇬🇧 GPS	das GPS	– Qu'est-ce que ça veut dire ~? – «Global Positioning System».
le réseau / ❗ les réseaux [ləʀezo/leʀezo]	das Netz	Dans le train, on perd souvent le ~.
nous pourrions [nupuʀjɔ̃]	wir könnten	~ aller au cinéma ce soir!
quelqu'un [kɛlkɛ̃]	jemand	Marie, ~ a appelé pour toi, mais je ne sais plus qui.

troisième [tʀwazjɛm] *m./f. adj.* → trois	dritter/dritte/drittes	Le bureau du CPE, c'est la ~ porte à droite.
le feu rouge / ! les feux rouges [ləføʀuʒ/leføʀuʒ]	die Ampel	Attends au ~, s'il te plaît!
deuxième [døzjɛm] *m./f. adj.* → deux	zweiter/zweite/zweites	Leur ~ album est encore meilleur que le premier.

Die Ordnungszahlen findest du auf S. 174.

la place Sainte-Anne [laplassɛ̃tan]	*zentraler Platz in Rennes*	Excusez-moi, Madame, je cherche la ~.
traverser (qc) [tʀavɛʀse]	(etw.) überqueren	C'est vert, on peut ~!
l'hôpital / ! les hôpitaux [lɔpital/lezɔpito] *m.* 🇬🇧 hospital	das Krankenhaus	Elle retrouve sa copine à l'~.
redemander [ʀədəmɑ̃de] → demander	noch einmal fragen	Je n'ai pas compris l'information, je vais ~ à quelqu'un.

Die Verben mit der Vorsilbe *re-* findest du auf S. 210.

Hörtext

tout à l'heure [tutalœʀ]	vorhin	Bilal, ton oncle a téléphoné ~.
l'organisateur / l'organisatrice [lɔʀganizatœʀ/lɔʀganizatʀis] *m./f.*	der/die Organisator/in	Les ~[7] de Paris-Plages sont contents parce qu'il fait beau.
vous y êtes [vuziɛt]	ihr seid da	Le musée? Allez tout droit et ~.

1 a lieu **2** participe à **3** entraîneur **4** pense souvent à **5** tourné **6** laissé **7** organisateurs

Unité 4 | Volet 2

le joueur / la joueuse [ləʒwœʀ/laʒwøz] → jouer	der/die Spieler/in	Dans une équipe de handball il y a sept ~[1].
l'arbitre [laʀbitʀ] *m./f.*	der/die Schiedsrichter/in	L'~ entre dans le stade.
le ballon [ləbalɔ̃] ball	der Ball	Les enfants jouent au ~.
le score [ləskɔʀ] score	der Spielstand	Les joueurs ont fait un bon ~.

le gardien de but / la gardienne de but [ləgaʀdjɛ̃dəbyt/lagaʀdjɛndəbyt]	der/die Torwart/in	Dans une équipe de handball il y a six joueurs et un ~.
le carton jaune [ləkaʀtɔ̃ʒon]	die gelbe Karte	L'équipe française a eu deux ~[2].
la faute [lafot]	der Fehler, das Foul	Tu as trouvé la ~?
marquer un but [maʀkeɛ̃byt]	ein Tor schießen	Après 30 minutes, on a ~[3].
le but [ləbyt]	das Tor, das Ziel	Tony a marqué un ~!
le petit-déjeuner [ləptideʒœne] → le déjeuner	das Frühstück	Qu'est-ce que tu prends au ~?
gagner (qc) [gaɲe]	(etw.) gewinnen	J'ai ~[4] un stage à Paris!
contre [kɔ̃tʀ]	gegen, dagegen	Je suis contre ~.
Fribourg [fʀibuʀ]	Freiburg	Voilà l'équipe de ~.
encourager qn [ɑ̃kuʀaʒe] to encourage	jdn ermutigen	Les copains de Bilal lui ont envoyé des textos pour l'~.
formidable [fɔʀmidabl] *m./f. adj.* ≠ nul/nulle	toll	Elle a rencontré un garçon ~.
facile [fasil] *m./f. adj.*	leicht	L'exercice n'est pas ~.
lutter [lyte]	kämpfen	Il faut ~ pour gagner.

jusqu'au bout [ʒyskobu]	bis zum Ende, *hier:* bis zum bitteren Ende (kämpfen)	Les enfants ont écouté l'histoire ~.
la défense [ladefɑ̃s] defense	die Abwehr(spieler)	La ~ a été formidable!
réagi [ʀeaʒi]	reagiert *Partizip Perfekt von* réagir	Bravo! Tu as bien ~.
réagir [ʀeaʒiʀ] to react	reagieren ▶ *Verbes, p. 176*	– Comment est-ce que les parents de Zoé ont ~[5]? – Plutôt bien!
l'attaque [latak] *f.* attack	der Angriff, die Angriffspieler	Belle ~ de l'équipe allemande!
applaudir (qn) [aplodiʀ] to applaud	(jdm) applaudieren *wird wie* réagir *konjugiert* ▶ *Verbes, p. 176*	Tout le monde a ~[6] les joueurs.
fort/forte [fɔʀ/fɔʀt] *adj.*	stark	Elle est ~[7] en maths.
rapide [ʀapid] *m./f. adj.* rapid	schnell	Le TGV a longtemps été le train le plus ~ du monde.
ils agissent [ilzaʒis]	sie handeln *3. Pers. Pl. von* agir	Regarde. Les joueuses ~ vite.
agir [aʒiʀ] to act	handeln *wird wie* réagir *konjugiert* ▶ *Verbes, p. 176*	Il est tombé dans le lac! Il faut ~ vite!
tout/toute [tu/tut] *adj.*	ganzer/ganze/ganzes	Il a fait une photo de ~[8] l'équipe.

tous/toutes [tus/tut] *adj. pl.*	alle, jeder/jede/jedes	Philippe a aussi encouragé ~[9] ses joueurs avant le match.
donner qc à qn [dɔnea]	jdm etw. geben	Il a ~ son numéro de téléphone ~[10] tous les parents.
fini [fini]	beendet *Partizip Perfekt von* finir	Tu as ~ ta crêpe?
finir (qc) [finiʀ]	etw. beenden, enden *wird wie* réagir *konjugiert* ▶ *Verbes, p. 176*	J'ai ~[11] mon livre, il est génial!

! Attention:

terminer = beenden
finir = beenden
La prof **termine/finit** le cours.
Die Lehrerin beendet den Unterricht.

finir = enden
Le cours **finit** à 16 heures.
Der Unterricht endet um 16 Uhr.

finir = beenden
Il **finit** son dessert.
Er isst seinen Nachtisch auf.

tout à l'heure [tutalœʀ]	gleich, in Kürze	Je t'appelle ~, d'accord?
la demi-finale [ladəmifinal]	das Halbfinale	La ~ commence à 14 heures.

le Belge / la Belge [lebɛlʒ/labɛlʒ] → la Belgique	der Belgier, die Belgierin	
Namur [namyʀ]	*Stadt in Belgien*	
montrer qc à qn [mɔ̃tʀea]	jdm etw. zeigen	Il ~ sa bédé ~[12] Nathan.
le point fort [ləpwɛ̃fɔʀ]	die Stärke	– Quel est ton ~? – L'attaque.
garder qc [gaʀde] ≠ perdre qc	etw. behalten	– J'adore ton pull! – Tu peux le ~. Il est trop petit pour moi.
la finale [lafinal] final	das Finale	La ~ est toujours un grand moment dans un tournoi!
possible [pɔsibl] *m./f. adj.* possible	möglich	Je voudrais aller en France cet été. C'est ~?
compter (sur qn) [kɔ̃te] to count on so.	(auf jdn) zählen, sich auf jdn verlassen	– Je ~[13] vous tous!
réussir (qc) [ʀeysiʀ]	es/etw. schaffen, gelingen *wird wie* réagir *konjugiert* ▶ *Verbes, p. 176*	Bravo! Vous avez ~[14]!

1 joueurs **2** cartons jaunes **3** marqué un but **4** gagné **5** réagi **6** applaudi **7** forte **8** toute **9** tous **10** donné son numéro de téléphone à **11** fini **12** montre sa bédé à **13** compte sur **14** réussi

Unité 4 | Volet 3

quelques [kɛlkə] *adj. pl.*	einige, ein paar	Lisa a passé ~ jours chez ses grands-parents à Minerve.
Zurich [zyʀik]	Zürich	
monter qc [mɔ̃te]	etw. aufbauen, errichten	Les organisateurs ont ~[1] une tente à côté du gymnase.
installer qc [ɛ̃stale] to install	etw. aufbauen	L'organisateur a ~[2] le buffet.
la sardine [lasaʀdin]	*hier:* der (Zelt-)Hering	Il n'y a pas assez de ~[3] pour monter la tente!

! Attention:

la sardine = *hier:* der (Zelt-) Hering

poser qc [poze]	etw. (hin)stellen, (hin)legen	– Où est-ce que je ~[4] les livres? – Sur le bureau, s'il te plaît.
le plat [ləpla]	die Platte	Les ~[5] sont sur la table de la cuisine.

quoi [kwa]	was	Tu fais ~ ce week-end?
je connais [ʒəkɔnɛ]	ich kenne *1. Pers. Sg. von* connaître	
vous connaissez [vukɔnɛse]	ihr kennt, Sie kennen *2. Pers. Pl. von* connaître	~ M. Martin?
connaître qn/qc [kɔnɛtʀ]	jdn/etw. kennen ►*Verbes, p. 177*	Je ne ~[6] pas encore la famille de mon correspondant.

Die Vorsilbe *re-*

Die Vorsilbe *re-* entspricht häufig dem deutschen *wieder/noch einmal* oder *zurück*.

appeler qn	rappeler qn	jdn zurückrufen
commencer qc	recommencer qc	etw. noch einmal von vorn anfangen
connaître qn/qc	reconnaître qn/qc	jdn/etw. wiedererkennen
demander qc	redemander qc	noch einmal fragen
trouver qn/qc	retrouver qn/qc	jdn/etw. wiederfinden; jdn (wieder) treffen
venir	revenir	wiederkommen, zurückkommen
voir qn/qc	revoir qn/qc	jdn/etw. wiedersehen

les caramels au beurre salé [lekaʀamɛlobœʀsale]	Salzcaramel	J'adore ~.
la spécialité [laspesjalite] speciality	die Spezialität	Est-ce que tu connais cette ~ de notre région?

breton/bretonne [bʀətɔ̃/bʀəton] *adj.*	bretonisch	Rennes est une ville ~[7].
sonner [sɔne] → la sonnerie	klingeln	Le portable ~[8].
il/elle veut savoir si [il/ɛlvøsavwaʀsi]	er/sie will wissen, ob	~ on va rentrer avant seize heures.
il faut qc [ilfo]	man braucht / wir brauchen etw.	Pour faire des crêpes ~ du lait, des œufs, de la farine et du beurre.
la boisson [labwasɔ̃]	das Getränk	Tu apportes des ~[9] et moi un gâteau.
l'eau minérale [lomineʀal] *f.*	das Mineralwasser	Prenez des bouteilles d'~ pour la balade!
demander à qn si [dəmɑ̃desi]	jdn fragen, ob	~ à tes parents ~[10] tu peux venir dormir chez moi.
le sachet [ləsaʃɛ]	die Tüte, der Beutel	Louis achète un ~ de bonbons.
la brique [labʀik]	der Ziegelstein, *hier:* der Tetra Pak, die Packung	Il faut acheter une ~ de jus de fruits.
chéri/chérie [ʃeʀi/ʃeʀi]	Liebling *Kosename*	Attends, ~! J'arrive.

tout de suite [tutsɥit]	sofort, gleich	Barak fait ses devoirs ~ après les cours.
À tout de suite! [atutsɥit]	Bis gleich!	
avoir l'air [avwaʀlɛʀ]	aussehen	Il ~[11] fatigué.
le fromage [ləfrɔmaʒ]	der Käse	Il y a des ~[12] fantastiques en France!
la charcuterie [laʃaʀkytʀi]	Wurstwaren *auch:* Metzgerei	La ~ est une spécialité de Lyon.
la galette [lagalɛt]	der Buchweizenpfannkuchen	Mon cousin préfère les ~[13].
les boulettes de viande [lebulɛtdəvjɑ̃d] *f. pl.*	die Fleischpflanzerl, die Hackbällchen	Les ~ sont toujours accompagnées de sauce.
la tarte au riz [lataʀtoʀi]	der Milchreiskuchen	~ est un dessert.
la tarte [lataʀt]	der Kuchen	Les filles ont préparé une ~ aux fraises pour le pique-nique!

! Faux ami:

la tarte ≠ die Torte *(le gateau)*

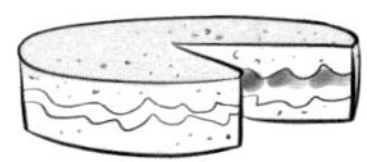

le riz [ləʀi] rice	der Reis	Tu veux encore du ~?
la remise des médailles [laʀəmizdemedaj]	die Siegerehrung	La ~ a lieu dans le grand gymnase.
le vestiaire [ləvɛstjɛʀ]	der Umkleideraum	Pendant les matchs, les ~[14] restent fermés.

Les compléments des verbes | Die Verben und ihre Ergänzungen
Einige Verben schließen das Objekt im Französischen anders als im Deutschen an:

demander à qn	jdn fragen	aider qn	jdm helfen
téléphoner à qn	jdn anrufen	attendre qn	auf jdn warten
		écouter qn	jdm zuhören, auf jdn hören

1 monté **2** installé **3** sardines **4** pose **5** plats **6** connais **7** bretonne **8** sonne **9** boissons **10** Demande à tes parents si **11** a l'air **12** fromages **13** galettes **14** vestiaires

La France en direct – vocabulaire facultatif

l'ouest [lwɛst] *m.*	der Westen	
la côte [lakɔt] coast	die Küste	
le rocher [ləʀɔʃe] rock	der Felsen	Regarde, ces ~[1] sont immenses!
le sable [ləsɑbl]	der Sand	Les enfants jouent dans le ~.
l'île [lil] *f.* isle	die Insel	
le menhir [ləmeniʀ]	der Hinkelstein	
historique [istɔʀik] *m./f. adj.* → l'histoire	historisch	Dans ce musée, il y a des objets ~[2] très intéressants.
le choix [ləʃwa] choice	die Wahl	Il faut faire les devoirs. On n'a pas le ~.
découvrir qc [dekuvʀiʀ] to discover sth.	etw. entdecken *wird wie* offrir *konjugiert* ▶ *Verbes, p. 176*	Christophe Colomb a ~[3] un nouveau monde.
nautique [notik] *m./f. adj.*	Wasser- + Nomen	Est-ce que tu aimes les sports ~[4]?

la voile [lavwal]	das Segeln	Naima adore la ~.
la planche à voile [laplɑ̃ʃavwal]	das (Wind-)Surfen	Éric a fait de la ~.
la réserve naturelle [laʀezɛʀvnatyʀɛl]	das Naturschutzgebiet	
l'oiseau / ! les oiseaux [lwazo] *m.*	der Vogel	
le phoque [ləfɔk]	der Seehund	Les ~[5] sont adorables!
l'art [laʀ] *m.*	die Kunst	
le tableau / ! les tableaux [lətablo]	*hier:* das Gemälde	
le plateau / ! les plateaux [ləplato]	die Platte	Où est-ce que tu as mis le ~ de fromage?
les fruits de mer [lefʀɥidəmɛʀ] *m. pl.*	die Meeresfrüchte	Est-ce que tu aimes les ~?
salé/e [sale] *adj.* → le sel	salzig	
sucré/e [sykʀe] *adj.* → le sucre	süß	Ce gâteau est trop ~[6].

1 rochers **2** historiques **3** découvert **4** nautiques **5** phoques **6** sucré

Module 6 – Augustin est nouveau

Das Modul kann früher behandelt werden. Ab *Unité 5* wird der Wortschatz als bekannt vorausgesetzt.

par semaine [paʀsəmɛn]	pro Woche	Je vais à la piscine trois fois ~.
le poème [ləpɔɛm] 🇬🇧 poem	das Gedicht	Julie préfère lire des ~[1].
la dent [ladɑ̃]	der Zahn	Papi a encore toutes ses ~[2].
la fourchette [lafuʀʃɛt] 🇬🇧 fork	die Gabel	
la patte [lapat]	die Pfote	Un chien a quatre ~[3].
le mille-pattes [ləmilpat]	der Tausendfüßler	Les ~[4] n'ont pas mille pattes.
le pied [ləpje]	der Fuß	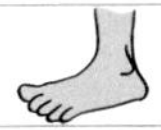
l'oreille [lɔʀɛj] *f.*	das Ohr	Les chats ont de très bonnes ~[5].
le mur [ləmyʀ]	die Wand, die Mauer	
le cœur [ləkœʀ]	das Herz	Ma tante Nathalie a un grand ~.

1 poèmes **2** dents **3** pattes **4** mille-pattes **5** oreilles

LÖSUNG S. 116

1 Complète. Note les noms avec l'article défini.

LÖSUNG S. 116

2 a Trouve les mots du buffet de l'Unité 4 et écris-les avec l'article défini *la/le/l'*.

1.

P	L	R	T
F	O	A	T

____

4.

A	T	I	S	Q	U	N
B	O	T	A	S	O	E

____

2.

T	A	U	T	E
J	A	R	N	E

____

5.

S	N	É	C	I	Î	L	I	U	É
E	P	T	R	A	A	N	E	T	R

____

3.

R	É	O	S	S	G	R
F	R	U	M	A	I	E

____

6.

C	H	C	O	M	U	E	E	R	E	R
R	E	A	R	C	M	T	N	C	I	E

____

LÖSUNG S. 117

b Trouve les six autres mots. Qu'est-ce qu'ils veulent dire en allemand? Note.

1. *fort = stark*
2. ____________________
3. ____________________
4. ____________________
5. ____________________
6. ____________________

Unité 5 | Volet 1

la solidarité [lasɔlidaʀite]	die Solidarität	Agir avec ~ c'est important!
la nouvelle [lanuvɛl] news → nouveau/nouvel/nouvelle	die Nachricht, die Neuigkeit	Bilal a une bonne ~: son équipe a gagné!
la loi [lalwa] law	das Gesetz	Qui fait la ~ dans votre collège?
la personnalité [lapɛʀsɔnalite] personality	die Persönlichkeit	J'aime bien sa ~.
l'humour [lymuʀ] *m.* humour	der Humor	Avec un peu d'~, tout est plus facile.
seul/seule [sœl] *adj.*	allein	Avec les copains, on n'est jamais ~[1].
la star [la staʀ] star	der Star ! *im Französischen immer weiblich*	Arthur est la ~ de la cour.
surveiller qn [syʀveje] → le surveillant	jdn beaufsichtigen	Les parents doivent ~ leurs enfants.
la brute [labʀyt]	der Grobian	Les autres élèves ont peur de la ~.

la bagarre [labagaʀ]	die Prügelei	Monsieur, il y a une ~ dans la cour!
la victime [laviktim] victim	das Opfer	Les bons élèves sont souvent les ~[2] des brutes.
timide [timid] *m./f. adj.*	schüchtern	Les élèves ~[3] ont tous peur de la brute.
signaler qc à qn [siɲalea]	jdm etw. melden	Il faut ~ le problème au prof.
le/la chef [lə/laʃɛf]	der/die Chef/in	Mon ~ est sympa.
le médiateur / la médiatrice [ləmedjatœʀ/lamedjatʀis]	der/die Mediator/in	Quand il y a un problème, la ~ essaie de trouver une solution.
le conflit [ləkɔ̃fli] conflict	der Konflikt	La CPE doit savoir s'il y a un ~ à l'école.
confier qc à qn [kɔ̃fjea]	jdm etw. anvertrauen	À son meilleur copain on peut ~ tous ses problèmes .
personnel/personnelle [pɛʀsɔnɛl] *adj.* personal	persönlich	Un journal est un livre très ~[4].

1 seul **2** victimes **3** timides **4** personnel

Unité 5 | Volet 2

Au secours! [osəkuʀ]	Zu Hilfe!	Le taureau arrive! ~!
agresser qn [agʀese]	jdn angreifen	La brute adore ~ tout le monde.
casser la figure à qn [kaselafigyʀa] *fam.*	jdn verhauen	La brute ~[1] aux petits.
toucher qn/qc [tuʃe] 🇬🇧 to touch	jdn/etw. anfassen	Ne ~[2] pas le gâteau! Il est pour mamie.
faire peur à qn [fɛʀpœʀa]	jdm Angst machen	L'interro de maths me ~[3].
tenir qn par le bras [təniʀpaʀləbʀa]	jdn am Arm festhalten	La mère ~ son fils ~[4].
tenir qn/qc [təniʀ]	jdn festhalten, etw. halten *wird wie* venir *konjugiert* ▶ *Verbes, p. 178*	Tu peux ~ mon sac, s'il te plaît?
faire mal à qn [fɛʀmala]	jdm wehtun	Tu me ~[5]!
Aïe! [aj]	Aua!	~! Tu me fais mal!

Le français, c'est différent:

comme ça [kɔmsa]	so	Regarde. Il faut faire ~.
arrêter [aʀɛte]	aufhören	~[6]! Tu me fais peur!
mal finir [malfiniʀ]	schlecht ausgehen	Cette bagarre va ~.
mal [mal] *adv.* ≠ bien	schlecht	Le CD n'est pas ~.
malheureux/malheureuse [maløʀø/maløʀøz] *adj.*	unglücklich	Bilal est ~. Il ne peut pas jouer au handball demain.
pleurer [plœʀe]	weinen	Pourquoi tu ~[7]? Tu es malheureuse?
frapper qn [fʀape]	jdn schlagen	La brute adore ~ les petits.
voler qc à qn [vɔlea]	jdm etw. stehlen	Elle lui ~[8] son argent.
courageux/courageuse [kuʀaʒø/kuʀaʒøz] *adj.* courageous → encourager qn	mutig	Moi, je suis timide mais mon copain est ~[9].

hésiter [ezite] to hesitate	zögern	Il ne faut pas ~ quand on peut aider quelqu'un.
à deux contre un [adœkɔ̃tʀɛ̃]	zwei gegen einen	~, ce n'est pas courageux!
C'est honteux! [sɛɔ̃tø]	Das ist eine Schande!	Ils agressent le papi. ~!
honteux/honteuse [ɔ̃tø/ɔ̃tøz] *adj.*	beschämend, empörend	
J'y vais! [ʒivɛ]	Ich gehe hin!	– Il faut faire les courses. – ~!
dangereux/dangereuse [dɑ̃ʒʀø/dɑ̃ʒʀøz] *adj.* dangerous	gefährlich	Attention! Le chien est ~[10].

Attention: Adjektive auf *-eux* bilden die weibliche Form auf *-euse*.
Du kennst schon *malheureux/malheureuse, courageux/courageuse, honteux/honteuse.*

aller chercher qn/qc [aleʃɛʀʃe]	jdn/etw. abholen, holen ! *Nur* aller *wird konjugiert.*	Il ~ la ~[11] à la gare.
prévenir qn [pʀevniʀ] ► *Verbes, p. 178*	jdn verständigen, benachrichtigen *wird wie* venir *konjugiert*	Il faut les ~ qu'on n'a pas cours de maths demain.

1 casse la figure **2** touche **3** fait peur **4** tient son fils par le bras **5** fais mal **6** Arrête **7** pleures **8** vole **9** courageux **10** dangereux **11** va la chercher

la violence [lavjɔlɑ̃s] violence	die Gewalt	La ~ est un problème dans beaucoup d'écoles.
frapper à la porte [fʀapealapɔʀt]	an die Tür klopfen	Quelqu'un ~[1]. Tu peux ouvrir, s'il te plaît?
ne … personne [nə…pɛʀsɔn] ≠ tout le monde	niemand	Quand un copain te confie quelque chose, ~ le dis à ~[2]!

Je **ne** veux **pas** faire du volley.
Ich will nicht Volleyball spielen.

Moi, je **ne** danse **jamais.**
Ich tanze nie.

Non, je **n'**appelle **personne.**
Nein, ich rufe niemanden an.

Moi, je **ne** visite **rien.**
Ich besichtige nichts.

l'agresseur [lagʀɛsœʀ] *m.* → agresser qn	der Angreifer	Tu connais les ~[3]?

consoler qn [kɔ̃sɔle] to console so.	jdn trösten	Regarde, Marie pleure. Je vais la ~.
blessé/blessée [blese] *adj.*	verletzt	Laurent est tombé. Il est ~[4].
dénoncer qn [denɔ̃se]	jdn anzeigen, verraten	Il faut ~ les agresseurs.
sinon [sinɔ̃]	sonst	On doit acheter du beurre, ~, on ne peut pas faire de gâteau.
harceler qn [ˈaʀsəle] ! je harcèle	jdn belästigen, *hier:* mobben *wird wie* acheter *konjugiert* ▶ *Verbes, p. 175*	Les types ~[5] la fille. Il faut le signaler au CPE.
aie [! ɛ]	hab *Imperativ 2. Pers. Sg. von* avoir	N' ~ pas peur, je suis là.
accepter qc [aksɛpte] to accept	(etw.) akzeptieren	Il ne faut pas ~ la violence!
oser + inf. [oze]	sich trauen, etw. zu tun	Je n'~[6] pas partir seul en vacances. J'ai trop peur.
menacer qn [mənase]	jdm drohen, jdn bedrohen *wird wie* commencer *konjugiert* ▶ *Verbes, p. 175*	L'agresseur ~[7] la victime.

la boxe [labɔks] boxing	das Boxen	Ma sœur n'aime pas la danse. Elle préfère la ~.
violent/violente [vjɔlɑ̃/vjɔlɑ̃t] *adj.* violent → la violence	gewalttätig	La bagarre a été assez ~[8].
lâche [lɑʃ] *m./f. adj.*	feige	Frapper les plus petits, c'est ~!
faible [fɛbl] *m./f. adj.* ≠ fort/forte	schwach	Je ne peux pas porter tous les sacs. Je suis trop ~.
le témoin [lətəmwɛ̃]	der Zeuge, die Zeugin **!** *im Französischen immer männlich*	Le ~ a tout observé.
l'agression [lagʀɛsjɔ̃] *f.* → l'agresseur *m.*	der Angriff	L'~ a eu lieu dans la rue.
le principal / la principale [ləpʀɛ̃sipal/lapʀɛ̃sipal]	der/die Schulleiter/in *eines collège*	Le ~ est le «chef» des profs.
la police [lapɔlis] police	die Polizei	Le témoin raconte tout à la ~.
sois	sei *Imperativ 2. Pers. Sg von* être	~ contente! Ton équipe a gagné tous les matchs!

rassuré/rassurée [ʀasyʀe] *adj.*	beruhigt	Tu peux être ~⁹, maman. Je vais garder Manon ce soir.
laisser qn tranquille [lesetʀɑ̃kil]	jdn in Ruhe lassen	Jérôme, ~ ta sœur ~¹⁰, elle a beaucoup de travail.
la charte [laʃaʀt]	die Charta, *hier:* Regeln für das Zusammenleben	La 4ᵉ C écrit une ~ pour une meilleure vie.

1 frappe à la porte **2** ne le dis à personne **3** agresseurs **4** blessé **5** harcèlent **6** ose **7** menace **8** violente **9** rassurée **10** laisse ta sœur tranquille

La France en direct – vocabulaire facultatif

le harcèlement [ləˈaʀsɛlmɑ̃]	das Mobbing	Est-ce que vous avez déjà parlé du ~ à l'école?
C'est quoi? [sekwa]	Was ist das?	Une corrida, ~?
physique [fizik] *m./f. adj.* 🇬🇧 physical	körperlich	
le coup [ləku]	der Schlag	
la menace [lamənas]	die Drohung	

la moquerie [lamɔkʀi]	der Spott	Léon est malade. Les ~[1] des filles de sa classe lui font mal.
gros/grosse [gʀo/gʀos] *adj.*	dick	Mon amie Selma est assez ~[2] et super sympa.
pauvre [povʀ] *m./f. adj.*	arm	La famille de Fatih n'a pas d'argent, elle est très ~.
l'adulte [ladylt] *m./f.* 🇬🇧 adult	der/die Erwachsene	
le cas [ləkɑ] 🇬🇧 case	der Fall	

1 moqueries **2** grosse

Module 7 – C'était comment, au Moyen-Âge?

Das Modul kann früher behandelt werden. Ab *Unité 6* wird der Wortschatz als bekannt vorausgesetzt.

la cité de Carcassonne [lasitedəkarkasɔn]	*mittelalterliche Festungsstadt in der Region Occitanie* ► *Civilisation, p. 170*	Je voudrais visiter la ~.

la cité [lasite]	die Stadt	«La ~», c'est un autre mot pour «la ville».
le/la guide [ləgid] 🇬🇧 guide	der/die Fremdenführer/in	Mon oncle travaille comme ~.
riche [ʀiʃ] *m./f. adj,* ≠ pauvre	reich	La famille d'Hadid est très ~.
faire du commerce [fɛʀdykɔmɛʀs]	Handel treiben	Comment est-ce qu'on peut ~ sur Internet?
le commerce [ləkɔmɛʀs] 🇬🇧 commerce	der Handel	Est-ce qu'on écrit «~» avec deux -m-?
le siècle [ləsjɛkl]	das Jahrhundert	Mes grands-parents sont nés au 19e ~.
l'habitant / l'habitante [labitɑ̃/labitɑ̃t]	der/die Einwohner/in	À Paris, il y a plus de deux millions d'~[1].
le chevalier [ʃəvalje] → le cheval	der Ritter	
la campagne [lakɑ̃paɲ] ≠ la ville	das Land	Ma mère préfère la vie à la ~ à la vie en ville.

autrefois [otʀəfwɑ] *adv.*	früher	
la soupe [lasup] soup	die Suppe	
la viande [lavjɑ̃d]	das Fleisch	Depuis un mois, Marion ne mange plus de ~.
l'époque [lepɔk] *f.* epoch	die Epoche	Qu'est-ce que vous savez sur cette ~?

1 habitants

LÖSUNG S. 117

1 **Lis les définitions puis complète les mots-croisés de l'Unité 5.**

1. C'est quelque chose qu'on raconte. C'est aussi une matière à l'école.
2. C'est un conflit violent.
3. Il/Elle voit quelque chose.
4. C'est une information qu'on donne sur quelqu'un ou quelque chose.
5. C'est agir contre quelqu'un et lui faire mal.
6. C'est rigoler avec intelligence.
7. C'est un sport.
8. On la prévient quand on nous a volé quelque chose par exemple.

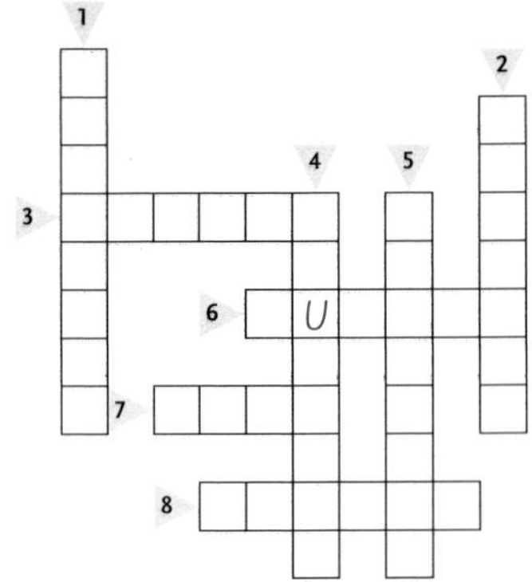

LÖSUNG S. 117

2 a **Mets les lettres dans l'ordre pour former les sept adjectifs et complète la grille.**

1. l c â h e
2. o u r c a e g x u
3. e s u l
4. r e v a g
5. i f a l e b
6. s a d e g n e u r e
7. m e i d i t

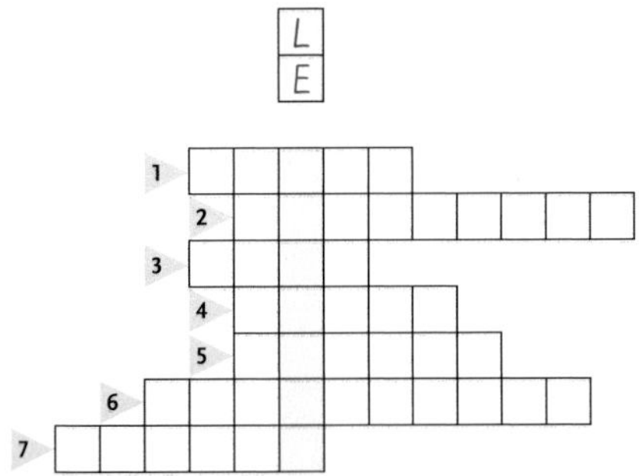

b Regarde tes solutions de 2a. Écris les deux mots de la même famille, puis le féminin de l'adjectif.

____

LÖSUNG S. 118

3 a Retrouve et écris les dix mots. Tu peux les lire de gauche à droite ou de droite à gauche. La dernière lettre à droite est toujours la première ou la dernière lettre du mot nouveau.

personnalitécrirencouragerassurétiradilostaretêrraccepterelosnocharte

____

____

b Complète le texte par les mot de a.

Angèle est la ________ de sa classe. Elle a beaucoup de ____________________. Elle est là pour tout le monde, agit tout le temps, on ne peut pas l'______________. Il faut l'______________ comme elle est! Avec elle, on est ______________. Elle ______________ et aide les élèves moins bons, les ________________ quand ils ont eu une mauvaise note. Enfin, elle a ________ une «______________ de ________________ à l'école».

Unité 6 | Volet 1

l'Occitanie *f.* [lɔksitani]	*Region in Südfrankreich mit Toulouse als Hauptstadt* ▶ *Civilisation, p. 171*	L'~ est une région en France avec des montagnes et des plages.
le visage [ləvizaʒ]	das Gesicht	Cette fille a un joli ~, je trouve.
la capitale [lakapital] (GB) capital	die Hauptstadt	Paris est la ~ de la France.
la Garonne [lagaʀɔn]	*Fluss in Südwest-Frankreich*	
le Gaulois / la Gauloise [ləgolwa/lagolwaz]	der Gallier, die Gallierin	Astérix est un ~[1].
le Romain / la Romaine [leʀɔmɛ̃/laʀɔmɛn]	der Römer, die Römerin	Obélix n'aime pas les ~[2].
appeler qn/qc (…) [aple]	*hier:* jdn/etw (…) nennen	On ~[3] Toulouse «la ville rose».
le matériau / ! les matériaux [ləmateʀjo/lemateʀjo]	das Material, der Baustoff	Est-ce que tu connais ce ~?
la construction [lakɔ̃stʀyksjɔ̃] (GB) construction	der Bau, die Konstruktion	Le pont du Gard est une ~ immense.

principal/principale/ ! **principaux/principales** [pʀɛ̃sipal/pʀɛ̃sipo] *adj.* → le/la principal/e	hauptsächlich, Haupt- + *Nomen*	Les maths et l'anglais sont des matières ~[4].
le paysage [ləpeizaʒ]	die Landschaft	Les ~[5] en Camargue sont magnifiques.
le million [ləmiljɔ̃] million	die Million	Il a gagné deux ~[6]! Quelle chance!
vous vous baignez [vuvubeɲe]	ihr badet *2. Pers. Pl. von* se baigner	– ~ souvent dans le lac? – Non, on préfère aller à la plage.
(ê) **se baigner** [səbeɲe]	baden ▶ *Verbes, p. 178*	On va à la plage pour ~.
la station balnéaire [lastasjɔ̃balneɛʀ]	der Badeort	Une ~ est une ville avec une plage qui attire beaucoup de monde.
la Grande-Motte [lagʀɑ̃dmɔt]	*Badeort in der Nähe von Montpellier* ▶ *Civilisation, p. 170*	Loïc a passé ses vacances à la ~.
construit/construite [kɔ̃stʀɥi/kɔ̃stʀɥit] *adj.*	erbaut	Voilà un monument du Moyen-Âge, ~[7] en 1234.
le rugby [ləʀygbi]	das Rugby	

le Montpellier Hérault Rugby [ləmɔ̃pəljeeʀoʀygbi]	*Rugbyclub aus Montpellier*	
(ê) **s'entraîner** [sɑ̃tʀene] → l'entraîneur / l'entraîneuse *m./f.*	trainieren ▶ *Verbes, p. 178*	Pour gagner, il faut ~ tous les jours.
(ê) **devenir** [dəvəniʀ]	werden *wird wie* venir *konjugiert* ▶ *Verbes, p. 178*	Je rêve de ~ célèbre.
le champion / la championne [ləʃɑ̃pjɔ̃/laʃɑ̃pjɔn] champion	der Champion	Coralie Balmy est une ~[8] de natation.
le monument [ləmɔnymɑ̃] monument	das Bauwerk	À Paris, il y a beaucoup de ~[9] célèbres.
romain/romaine [ʀɔmɛ̃/ʀɔmɛn] *adj.* roman	römisch	Ce monument ~[10] est magnifique!
le pont du Gard [ləpɔ̃dygaʀ]	*römischer Aquädukt in Südfrankreich* ▶ *Civilisation, p. 171–172*	Le ~ est un monument romain.
les arènes de Nîmes [lezaʀɛndənim] *f. pl.*	*römisches Amphitheater in der französischen Stadt Nîmes*	Les ~ sont un monument romain qui attire beaucoup de touristes.
les arènes [lezaʀɛn] *f. pl.*	die Arena	Le taureau entre dans les ~.

Nîmes [nim]	*französische Stadt in der Region Occitanie* ▶ *Civilisation, p. 171*	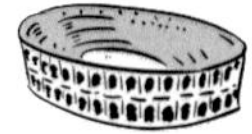
amener qn/qc [amǝne]	jdn/etw. mitbringen, *hier:* leiten *wird wie* acheter *konjugiert* ▶ *Verbes, p. 175*	Est-ce que je peux ~ ma copine à la fête?
le gladiateur [lǝgladjatœʀ] gladiator	der Gladiator	À l'époque romaine, les gens vont aux arènes pour voir les ~[11].
la personne [lapɛʀsɔn] person	die Person	3000 ~[12] sont venues au festival.
le/la même [lǝ/lamɛm] *m./f. adj.*	der-/die-/dasselbe, der/die/das gleiche	Marie porte les ~[13] vêtements que moi: un jean et un pull vert.
la corrida [lakɔʀida]	der Stierkampf	Dans une ~, le toréro lutte contre un taureau.
le concert [lǝkɔ̃sɛʀ] concert	das Konzert	Le ~ de Soprano a été génial!
exister [ɛgziste] to exist	existieren	Ces villes ~[14] depuis longtemps.
(ê) **se trouver** [sǝtʀuve]	sich befinden	Les toilettes ~[15] à côté du secrétariat.

la forteresse [lafɔʀtəʀɛs] 🇬🇧 fortress → fort/forte	die Festung	Pour entrer dans la ~, on doit traverser un pont.
l'Europe [løʀɔp] *f.* 🇬🇧 Europe	Europa	Quelle équipe va être championne d'~?
le rempart [ləʀɑ̃paʀ]	die Stadtmauer	Derrière les ~[16] de la ville, les habitants sont tranquilles.
le kilomètre [ləkilomɛtʀ] 🇬🇧 kilometer	der Kilometer	Combien de ~[17] est-ce qu'il y a entre Montpellier et Paris?
(ê) **se promener** [səpʀɔmne]	spazieren gehen ▶ *Verbes, p. 178*	Quand il fait beau, les gens ~[18] dans les parcs.
la tradition [latʀadisjɔ̃] 🇬🇧 tradition	die Tradition	Les corridas sont une ~ de la ville de Nîmes.
la féria [laferja]	*Straßenfest in Südfrankreich mit spanischen Einflüssen*	Des toréros célèbres luttent à Nîmes, quand il y a une ~.
Béziers [bezje]	*französische Stadt in der Region Occitanie* ▶ *Civilisation, p. 169*	
plusieurs [plyzjœʀ] *adj. pl.*	mehrere	Mon oncle a ~ chiens. Il adore les animaux!

(ê) **s'amuser** [samyze] 🇬🇧 to amuse oneself	sich amüsieren, Spaß haben ► *Verbes, p. 178*	Tu ~[19] bien?
lâcher qn/qc [lɑʃe]	jdn/etw. loslassen	~[20] ta sœur, Sophie! Tu vas lui faire mal.
(ê) **se retrouver** [səʀətʀuve]	sich treffen ► *Verbes, p. 178*	– On ~[21] chez toi? – D'accord.
le Festival des Sports Extrêmes [ləfɛstivaldespɔʀzɛkstʀɛm]	*Festival für Extremsportarten*	

1 Gaulois **2** Romains **3** appelle **4** principales **5** paysages **6** millions **7** construit **8** championne **9** monuments **10** romain **11** gladiateurs **12** personnes **13** mêmes **14** existent **15** se trouvent **16** remparts **17** kilomètres **18** se promènent **19** t'amuses **20** Lâche **21** se retrouve

Unité 6 | Volet 2

la légende [laleʒɑ̃d] 🇬🇧 legend	die Legende	Tu connais la ~ du chien vert?
le marchand / la marchande [ləmaʀʃɑ̃/lamaʀʃɑ̃d]	der/die Händler/in	Tu connais un ~[1] de fruits dans le quartier?

la cage [lakaʒ] 🇬🇧 cage	der Käfig	Cet animal est dans une ~ parce qu'il est dangereux.
(ê) **s'appeler** [sapəle]	heißen ▶ *Verbes, p. 178*	Ils ~[2] Yannick et Léa.
vivre [vivʀ] → la vie	leben ▶ *Verbes, p. 178*	Moi, je voudrais ~ à Paris.
le château de Margon [ləʃatodəmaʀgɔ̃]	*Schloss südwestlich von Montpellier* ▶ *Civilisation, p. 170*	Nous allons visiter le ~.
(ê) **se souvenir de qn/qc** [səsuvniʀdə]	sich an jdn/etw. erinnern ▶ *Verbes, p. 178*	Tu ~[3] de nos vacances en Belgique?
(ê) **se passer** [səpase]	geschehen, spielen ▶ *Verbes, p. 178*	Le film ~[4] à l'époque romaine.
jeune [ʒœn] *m./f. adj.* → le/la jeune	jung	Ma mère est ~. Elle a 33 ans.
vendre qc (à qn) [vɑ̃dʀ] ≠ acheter	(jdm) etw. verkaufen *wird wie* attendre *konjugiert* ▶ *Verbes, p. 176*	J'ai trop de CD que je n'écoute plus. Je vais les ~.
l'oiseau / les oiseaux ! [lwazo/lezwazo] *m.*	der Vogel	La perruche est un ~.

le marché [ləmaʀʃe] 🇬🇧 market → le supermarché, le marchand	der Markt	Je vais au ~ pour acheter des fruits. C'est plus sympa que le centre commercial.
pauvre [povʀ] *m./f. adj.* ≠ riche	arm	Quelqu'un qui n'a pas beaucoup d'argent est ~.
le printemps [ləpʀɛ̃tɑ̃]	der Frühling	Au ~, des oiseaux chantent partout.
Lève-toi. [lɛvtwa]	Steh auf!	
(ê) **se lever** [sələve]	aufstehen	
prendre place (sur qc) [pʀɑ̃dʀəplas]	(auf etw.) Platz nehmen	
je t'offre [ʒətɔfʀ]	ich schenke dir *1. Pers. Sg. von* offrir	– ~ ce livre. – Oh, merci!
offrir qc à qn [ɔfʀiʀa] 🇬🇧 to offer	jdm etw. schenken, anbieten ▶ *Verbes, p. 170*	– Tu as déjà un cadeau pour Laure? – Oui, je vais lui ~ un jeu vidéo.
(ê) **s'occuper de qn/qc** [sɔkype]	sich um jdn/etw. kümmern ▶ *Verbes, p. 178*	Est-ce que Paul peut ~ de mon chien pendant les vacances?
bien d'autres choses [bjɛ̃dotʀʃoz]	noch viel mehr	Pour le petit-déjeuner, on a du pain, du beurre et ~!

disparaître [dispaʀɛtʀ] to disappear	verschwinden *wird wie* connaître *konjugiert* ▶ *Verbes, p. 177*	L'agresseur a volé tout l'argent et après, il a ~[5].
cela [səla]	das	Qu'est-ce que ~ veut dire?
le mariage [ləmaʀjaʒ] marriage	die Hochzeit	Le ~ de Marion et Cédric a lieu à la cathédrale.
l'invité / l'invitée [lɛ̃vite] *m./f.* → inviter qn, l'invitation *f.*	der Gast	Tous les ~[6] sont contents: la fête est super!
le musicien / la musicienne [ləmyzisjɛ̃/lamyzisjɛn] → la musique	der/die Musiker/in	La ~[7] joue du piano.
le marié / la mariée [ləmaʀje/lamaʀje] → le mariage	der Bräutigam, die Braut	Le ~[8] est malheureux: la ~[9] n'est pas venue!
la scène [lasɛn] scene	die Szene	La ~ se passe au café.
la proposition [lapʀɔpozisjɔ̃] proposition → proposer qc (à qn)	der Vorschlag	Je te fais une ~: Tu m'aides en maths et je t'aide en allemand.

échanger qc contre qc [eʃɑ̃ʒekɔ̃tʀ] to exchange	etw. gegen etw. tauschen *wird wie* manger *konjugiert* ▶ *Verbes, p. 175*	– Bof! Je n'aime pas mon dessert. – J'~ ma pomme ~[10] ton yaourt, si tu veux.
magique [maʒik] *m./f. adj.* magic	magisch	C'est un chat ~. Il parle comme un homme.
furieux/furieuse [fyʀjø/fyʀjøz] *adj.* furious	wütend	Mon frère est ~[11] parce que je suis plus grande que lui.
épouser qn [epuze]	jdn heiraten	Cédric veut ~ Marion parce qu'il l'aime.
l'œil / ! les yeux [lœj/lezjø] *m.*	das Auge	Elle a des ~[12] verts.
les cheveux [leʃvø] *m. pl.*	die Haare	– J'aime bien tes ~. Ils sont très jolis. – Merci!
l'or [lɔʀ] *m.*	das Gold	Le monsieur qui habite au château a un tas d'~!
intéresser qn [ɛ̃teʀese] to interest → intéressant, intéressante	jdn interessieren	L'exposition sur Montpellier m'~[13]. J'y vais demain.

heureux/heureuse [øʀø/øʀøz] *adj.* ≠ malheureux/malheureuse	glücklich	Le marié est ~[14]. La mariée est là!
préparons-nous à qc [pʀepaʀɔ̃nu]	bereiten wir uns auf etw. vor	~ au test de maths.
(ê) **se préparer à qc** [səpʀepaʀe]	sich auf etw. vor bereiten ▶ *Verbes, p. 178*	Naima veut ~ à l'interro d'anglais.
(ê) **se dépêcher** [sədepeʃe]	sich beeilen ▶ *Verbes, p. 178*	
il a ouvert qc [ilauvɛʀ]	er hat etw. geöffnet	
ouvrir qc [uvʀiʀ]	etw. öffnen *wird wie* offrir *konjugiert* ▶ *Verbes, p. 176*	Madame, je peux ~ la fenêtre, s'il vous plaît? Il fait chaud ici.

! Attention:

Folgende Verben sind im Französischen reflexiv, im Deutschen nicht:

se baigner = baden
se passer = geschehen, spielen
se promener = spazieren gehen

Hier ist es umgekehrt:

bouger = sich bewegen

1 marchand **2** s'appellent **3** te souviens **4** se passe **5** disparu **6** invités **7** musicienne **8** marié **9** mariée **10** échange ma pomme contre **11** furieux **12** yeux **13** intéresse **14** heureux

Module 8 – Les bons plans pour les vacances!

Das Modul kann früher behandelt werden. Ab *À plus!* 3 wird der Wortschatz als bekannt vorausgesetzt.

la ferme [lafɛʀm] 🇬🇧 farm	der Bauernhof	Il y a beaucoup d'animaux à la ~.
la vache [lavaʃ]	die Kuh	
la chèvre [laʃɛvʀ]	die Ziege	Cette ferme a 20 ~[1].
mondial/mondiale/ **! mondiaux/mondiales** [mɔ̃dial/mɔ̃dial/mɔ̃dio] *adj.* → le monde	Welt- + *Nomen*, weltweit	
la gastronomie [lagastʀonomi]	die Gastronomie, die Kochkunst	
typique [tipik] *m./f. adj.* 🇬🇧 typical	typisch	Ce menu est ~ pour la région.
le bouchon [ləbuʃɔ̃]	*Wörtlich:* der Korken, *hier: typisches Restaurant in Lyon*	Le ~ ferme la bouteille.
lyonnais/e [ljɔnɛ/ljɔnɛz] *adj.*	Lyoner	Il y a des bon restaurants ~[2]?

le saucisson [ləsosisɔ̃]	die Wurst	Léon adore les ~[3].
les œufs meurette [lezœmœʀɛt] *m.*	*Spezialität:* in einer Rotweinsauce pochierte Eier	Les ~[4] sont une spécialité de cette région.
dans le nord [dɑ̃lənɔʀ]	im Norden	Lille se trouve ~ de la France.
presque [pʀɛsk] *adv.*	fast	Julie a ~ fini ses devoirs.
le vent [ləvɑ̃]	der Wind	
le nuage [lənyaʒ]	die Wolke	
dans le sud [dɑ̃ləsyd]	im Süden	Toulouse se trouve ~ de la France.
le tuyau / ! les tuyaux [lətɥijo/letɥijo] *fam.*	*hier:* der Tipp	Est-ce que tu as un ~ pour mon voyage à Paris?
ancien/ancienne [ɑ̃sjɛ̃/ɑ̃sjɛn] *adj.*	ehemalig, alt	J'aime cette ~[5] maison.
le chef-d'œuvre / ! les chefs-d'œuvre [ləʃɛdœvʀ/leʃɛdœvʀ]	das Meisterwerk	Quel est le ~ de Léonard de Vinci?

le héros / l'héroïne [lə'eRo/leRɔin] hero	der Held, die Heldin	
voyager [vwajaʒe] → le voyage	reisen	Je voudrais ~ en Afrique.
grâce à qc [gRɑsa] *prép.*	dank einer Sache / einer Person	~ ma grand-mère je sais jouer du piano.
la machine [lamaʃin] machine	die Maschine	
admirer qn/qc [admiRe] to admire so./sth.	jdn/etw. bewundern	Jamel Debbouze est un acteur que j'~[6] beaucoup.
mesurer ... de haut [məzyRe] to measure	groß sein	La tour Eiffel ~[7] 357,50 m de haut.
nous voudrions [nuvudRijɔ]	wir möchten gern	~ aller à Paris.

1 chèvres **2** lyonnais **3** saucissons **4** les œufs meurette **5** ancienne **6** admire **7** mesure

LÖSUNG S. 118

1 a Retrouve des verbes à l'infinitif de l'Unité 6.

1. A A D E I Î P R R S T = ______
2. E É P O R S U = ______
3. I O R R U V = ______
4. R P A S = ______
5. A C E É G H N R = ______
6. F F I O R R = ______
7. R E I R C = ______
8. D E E N R V = ______

b Complète les phrases par la forme correcte des verbes de a.

A ☐ L'homme ______ Isabelle contre l'oiseau parce qu'il est magique.

B ☐ Joan va au château de Margon où un homme va ______ la jeune et belle Isabelle.

C [1] Joan est un marchand qui ______ des cages à oiseaux.

D ☐ À la fin, l'oiseau ______ la porte de sa cage et ______ pour toujours.

E ☐ Un jour, un homme lui ______ un oiseau magique, puis il ______.

F ☐ Mais le marié ______ bientôt parce que l'oiseau ne réagit pas quand il lui parle.

c Trouve l'ordre des phrases de b.

Les mots pour le dire

A Über sich sprechen

1 Sich vorstellen

Unité 1 Moi, c'est Marie. Et toi?

Je m'appelle Nicolas.

J'ai 13 ans.

Je suis en cinquième.

Je viens d'Alsace.

Je suis né à Strasbourg.

J'habite à Montpellier depuis trois ans.

Mon père est prof.

Ma mère travaille dans une librairie.

Est-ce que tu as des frères et sœurs?

J'ai un frère et une sœur.

J'ai deux animaux: un chat et une tortue.

Dans ma chambre, il y a une étagère avec ma collection de bédés.

Ma matière préférée, c'est le dessin.

Unité 3 Je suis plutôt calme.

Unité 6 J'ai les yeux verts.

J'ai les cheveux noirs.

2 Über seinen Kleidungsstil sprechen

Unité 3 + Module 4

Mon look est sportif.

Je suis accro à la mode.

La mode est très importante pour moi.

Moi, je préfère avoir mon style.

J'adore mettre des pantalons noirs.

Les vêtements que je préfère ce sont les tee-shirts et les jeans.

Je porte souvent des baskets de marque.

Moi, je ne fais pas attention aux marques.

Mes affaires sont aussi jolies que les trucs de marque.

3 Über Hobbys und Vorlieben sprechen

Unité 3

Mon hobby, c'est la natation.

Le jeudi, je joue au handball dans un club.

J'ai commencé à neuf ans.

Moi, je joue de la guitare.

Mon style de musique préféré, c'est le rock.

Mon truc, c'est la batterie.

J'aime les films d'aventure.

J'aime retrouver mes copains.

Je lis beaucoup.

J'adore écouter ma musique avec mon casque!

Ça me plaît parce que je suis dans mon monde.

Je voudrais faire du beach-volley.

4 Über seinen Lieblingsort sprechen

Unité 1 Le coin que je préfère, c'est mon quartier.

La place de la Comédie, c'est l'endroit idéal pour retrouver les copains.

Le Planétarium est un endroit fantastique pour les gens qui aiment les étoiles.

J'aime la ville avec ses rues piétonnes.

J'adore aller à la plage.

Notre région est fantastique!

J'aime Montpellier parce que la ville se trouve entre la mer et les montagnes.

5 Über sein Idol sprechen

Unité 3 Coralie Balmy c'est la meilleure!

Unité 4 Elle a gagné toutes les médailles.

Unité 3 Je suis fan de la chanteuse Tal.

Je trouve qu'elle a une belle voix.

Moi, j'écoute Barrio Populo. Ce groupe a des rythmes incroyables!

J'aime beaucoup le nouvel album de Nolwenn Leroy.

Cet acteur est génial, il a joué dans beaucoup de films différents.

Unité 6 William Accambray est un champion de handball.

C'est un des meilleurs sportifs de France.

B Mit anderen sprechen

1 Seine Meinung äußern

Unité 1 C'est une musique idéale pour danser.

Unité 2 Ça ne fait rien.

Ça m'énerve.

C'est une idée idiote.

C'est une histoire incroyable.

Unité 3 Je trouve que ça va trop loin.

Je pense que c'est la meilleure solution.

Pour moi, c'est la chose la plus importante.

Pour moi, c'est la chose la plus terrible.

À mon avis, ça va marcher.

Il ne faut pas exagérer.

Tu as raison.

Ce n'est pas vrai.

Unité 5 Il faut faire quelque chose, sinon ils vont recommencer.

Je trouve ça nul.

Pour moi, on ne peut pas accepter ça.

C'est trop dangereux.

C'est honteux.

2 Ratschläge geben

Unité 3 Il ne faut pas baisser les bras.

Il faut trouver des arguments.

Tu peux peut-être limiter tes appels.

Est-ce que tu as parlé avec ton prof?

Reparle de ton problème à tes parents.

Bonne chance!

Essaie!

Unité 5 Ne fais pas attention à eux.

Ne reste pas seul.

On pourrait aller voir le médiateur?

On t'agresse? N'hésite pas: appelle au secours.

3 Über Vergangenes sprechen

Unité 2 Qu'est-ce que tu as fait hier?

J'ai fait un truc incroyable!

Je n'ai rien fait de spécial.

D'abord, j'ai rangé ma chambre.

Ensuite, je suis parti faire une balade à vélo.

L'après-midi, j'ai un peu dormi.

Tout à coup, j'ai entendu mon frère crier.

J'ai juste eu le temps de prendre mes jambes à mon cou.

4 Nachfragen und Gesagtes wiedergeben

Modul 2 Pardon? Je n'ai pas compris pas.

C'est à moi?

On n'entend pas, est-ce que vous pouvez mettre le son plus fort, s'il vous plaît?

Est-ce que vous pouvez expliquer encore une fois, s'il vous plaît?

Unité 6 À qui est-ce que tu penses?

De quoi est-ce qu'elle parle?

Unité 4 Elle dit que vous avez très bien chanté.

Il demande si la piscine ouvre le dimanche.

Il veut savoir si tout le monde est là.

C Über Essen und Trinken sprechen

Unité 2 Qu'est-ce que vous avez apporté pour le pique-nique?

Moi j'ai préparé des sandwichs.

Il n'y a plus rien!

Unité 4 Est-ce que tu connais les galettes?

C'est une spécialité bretonne.

Qu'est-ce qu'il faut acheter pour le buffet?

Il faut des boissons.

On pourrait acheter du fromage aussi.

Il n'y a plus de charcuterie.

Ça a l'air bon tout ça!

Tu peux poser les plats sur la table, merci.

Tu veux du coca ou de l'eau minérale?

D Einen Weg beschreiben

1 Nach dem Weg fragen

Unité 4 Pardon, Monsieur, pour aller à l'auberge de jeunesse, s'il vous plaît?

S'il vous plaît, quel chemin est-ce qu'il faut prendre pour aller à la gare?

2 Den Weg beschreiben

Unité 4 Pour aller à la gare, vous prenez la deuxième rue à droite. **1**

Vous continuez toujours tout droit. **2**

Vous prenez la première rue à gauche. **3**

Vous allez jusqu'au carrefour.

Au feu rouge, vous tournez à droite.

Au deuxième carrefour, vous allez voir une grande terrasse de café.

Vous traversez la place et vous y êtes. **4**

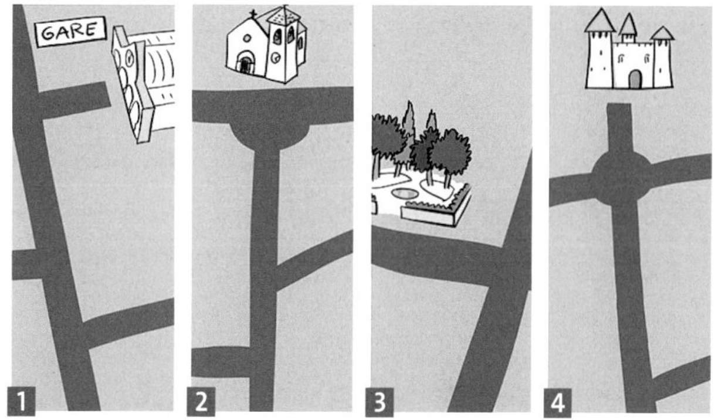

E Über ein Ballspiel sprechen

Unité 4 L'équipe est forte.

La défense réagit bien.

L'attaque est très rapide.

Le gardien de but est formidable.

Les joueurs ont lutté jusqu'au bout.

Ils ont souvent pu garder le ballon.

L'arbitre a donné un carton jaune à un joueur.

L'arbitre a vu toutes les fautes.

Les Français ont perdu en finale contre l'équipe allemande.

La rencontre a lieu en Bretagne.

Ils vont en demi-finale.

Le joueur n° sept a marqué tous les buts.

Le jeu n'a pas été facile.

Les fans ont longtemps applaudi leur équipe.

Quel score est-ce qu'ils ont fait?

Ils ont gagné le match avec un score de deux à zéro.

Ils ont perdu treize à vingt.

C'est le plus grand tournoi du monde.

La remise des médailles a lieu à 18 heures.

L'entraîneur encourage ses joueurs.

Les organisateurs comptent sur le retour du beau temps.

Après un match gagné, c'est toujours la fête dans les vestiaires.

F Eine Region vorstellen

Unité 1 C'est une région magnifique.

C'est un endroit très touristique.

Montpellier se trouve entre la mer Méditerranée et les Cévennes.

Les plages de Carnon et Palavas-les-Flots attirent beaucoup de monde.

En été, il y a beaucoup de festivals de danse et de musique.

Unité 6 La capitale de la région, c'est Toulouse.

La ville de Toulouse compte 459 000 habitants.

C'est une ville de traditions.

Le pont du Gard est le monument le plus célèbre de la région.

Il y a plusieurs monuments de l'époque romaine dans le coin.

Des concerts ont lieu dans les arènes de Nîmes.

La région est connue pour ses stations balnéaires.

Pour se baigner, l'endroit est idéal.

Le canal du Midi est un des plus beaux chemins touristiques de France.

Venez voir les différents visages de la Camargue.

On l'appelle la région aux mille lacs.

On peut se promener dans des paysages magnifiques.

G Ein Ereignis zeitlich einordnen

Unité 2 Tout à coup, on n'a plus rien entendu.

C'était trop tard pour voir le film.

On a juste eu le temps de rentrer avant la nuit.

Unité 4 La finale va commencer tout à l'heure.

Unité 5 D'habitude je suis plus courageuse, mais là, j'hésite.

Unité 6 Cette histoire se passe au Moyen-Âge.

La Grande Motte a été construite en 1967.

À cette époque, le train rapide Paris-Toulouse existe déjà.

La feria de Nîmes a lieu tous les ans.

Deux millions de touristes par an visitent la cité de Carcassonne.

À la fin, ils repartent heureux ensemble.

Un jour, il a ouvert la porte de sa cage.

L'oiseau magique est parti pour toujours.

Solutions

Unité 1 | p. 18–19

1 **à**: – jouer au ping-pong
– venir à Rome
– être né à Rome
– partir à Rome

de: – jouer de l'accordéon
– venir de Rome
– partir de Rome
– faire de la natation

en: – partir en randonnée
– partir en week-end

2 1. C'est à moi?
2. Je n'ai pas fini l'exercice.
3. Nous avons oublié le livre.
4. Nous avons écrit autre chose.

Unité 2 | p. 34–35

1 Qu'est-ce que Zoé a **fait** samedi? La journée a bien **commencé**. Ses amis sont d'abord **venus** chez elle, puis ils sont **partis** à la plage. Zoé a **oublié** ses clés sur la table, mais ça, elle l'a **vu** plus tard. Bilal a **raconté** beaucoup de blagues, mais les amis n'ont plus beaucoup **rigolé** quand Zoé n'a pas **trouvé** les sandwichs dans son sac! Ensuite, il n'a plus fait beau. À cause de ça, les amis n'ont pas **pu** manger le gâteau, alors ils sont **rentrés** à la maison. Et là, surprise ...

2 **le**: taureau, champ, chemin, repas
la: fin, peur, voiture, catastrophe
quelque chose: dessiner, terminer, ranger, photographier
être: fatigué, tombé, venu droit sur qn, malade

3

1. lange	longtemps	3. endlich	enfin	5. spät	tard
2. vor	il y a	4. plötzlich	tout à coup	6. gerade noch	juste

Unité 3 | p. 53–54

1 **A** Il porte une chemise et un pantalon.
B Il porte un pantalon avec un tee-shirt et une chemise.
C Il porte un jean, un tee-shirt et des baskets.
D Il porte un pantalon, une chemise et un pull.

2
1. Nathan a un style plutôt **sportif**.
2. Félix a des résultats **catastrophiques** à l'école.
3. Pour Zoé, les marques ne sont pas **importantes**.
4. Bilal trouve que le **meilleur** style de musique, c'est le rock.
5. Quelle **solution** est-ce que tu proposes?
6. Pour son anniversaire, Zoé a eu une **robe** bleue.
7. Zut, la photo n'est pas bonne, on a **bougé**.

3 a
1. a pair of jeans – un jean
2. a test – un test
3. a magazine – un magazine
4. blue – bleu
5. a pullover – un pull-over
6. to exaggerate – exagérer
7. an actress – une actrice
8. a rhythm – un rythme
9. an object – un objet
10. a bus – un bus
11. a voice – une voix
12. to limit – limiter

b un test, un magazine, un bus

Unité 4 | p. 72–73

1

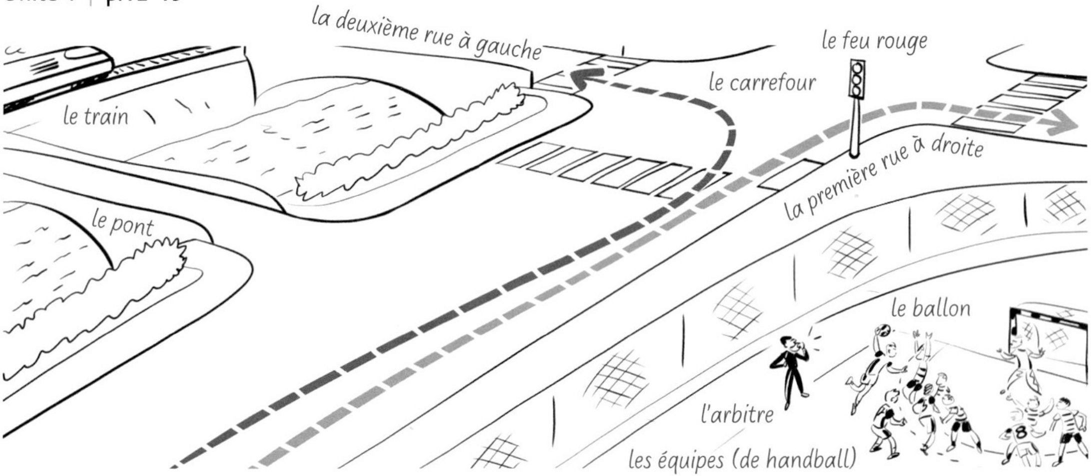

2 **a** 1. le plat
2. la tarte
3. le fromage
4. la boisson
5. la spécialité
6. la charcuterie

b 1. fort = stark
2. jaune = gelb
3. réussir = es schaffen, gelingen
4. l'attaque = der Angriff, der Angriffspieler
5. l'entraîneur = der Trainer
6. recommencer = wieder anfangen, etw. noch einmal tun

Unité 5 | p. 86–87

1 1. C'est quelque chose qu'on raconte. C'est aussi une matière à l'école. → **histoire**
2. C'est un conflit violent. → **bagarre**
3. Il/Elle voit quelque chose. → **témoin**
4. C'est une information qu'on donne sur quelqu'un ou quelque chose. → **nouvelle**
5. C'est agir contre quelqu'un et lui faire mal. → **violence**
6. C'est rigoler avec intelligence. → **humour**
7. C'est un sport. → **boxe**
8. On la prévient quand on nous a volé quelque chose par exemple. → **police**

2 **a** 1. lâche
2. courageux
3. seul
4. grave
5. faible
6. dangereuse
7. timide
Lösungswort: Le courage

b le courage, courageux, courageuse

3 **a** personnalit**é**, **é**crir**e**, **e**ncourage**r**, **r**assur**é**, **s**olidarit**é**, **s**ta**r**, **a**rrête**r**, **a**ccepte**r**, **c**onsole**r**, **c**harte

b Angèle est la **star** de sa classe. Elle a beaucoup de **personnalité**. Elle est là pour tout le monde, agit tout le temps, on ne peut pas l'**arrêter**. Il faut l'**accepter** comme elle est! Avec elle, on est **rassuré**. Elle **encourage** et aide les élèves moins bons, les **console** quand ils ont eu une mauvaise note. Enfin, elle a **écrit** une «**charte** de **solidarité** à l'école».

Unité 6 | p. 102

1 **a**

1. disparaître	5. échanger
2. épouser	6. offrir
3. ouvrir	7. crier
4. pars	8. vendre

b
A échange
B épouser
C vend
D ouvre, pars
E offre, disparaît
F crie

c C 1, E 2, B 3, A 4, F 5, D 6

À plus! 2 *Nouvelle édition* **Gymnasium Bayern**
Vokabeltaschenbuch

Im Auftrag des Verlages erarbeitet von: Dr. Martina Sobel
und der Redaktion Französisch: Vanessa Cousin, Christoph Haschka

Illustrationen: Laurent Lalo; britische Flagge: shutterstock / Chris P
Umschlaggestaltung und Layoutkonzept: werkstatt für gebrauchsgrafik, Berlin
Layout und technische Umsetzung: graphitecture book & edition
Umschlagfotos: 1. v. li.: stock.adobe.com/oscity; 2. v. li.: stock.adobe.com/stevanzz; 3. v. li.: stock.adobe.com/philippe dubocq; 4. v. li.: stock.adobe.com/Freesurf; 5. v. li.: stock.adobe.com/Stephen Finn

www.cornelsen.de

1. Auflage, 1. Druck 2019

Alle Drucke dieser Auflage sind inhaltlich unverändert und können im Unterricht nebeneinander verwendet werden.

Druck: H. Heenemann, Berlin

ISBN 978-3-464-24723-5

PEFC™
PEFC/04-31-1156

PEFC zertifiziert
Dieses Produkt stammt aus nachhaltig bewirtschafteten Wäldern und kontrollierten Quellen.

www.pefc.de